Dr. Juan Antonio Mira
Anne Sorel

estética y cirugía estética

guía práctica

2ª edición

INDICE

Introducción del Dr. Mira

Han pasado mucho años, más de 20, desde que esa persona única que es Anne Sorel me propuso que escribiéramos un libro.

- Las Esteticistas lo necesitan. Todos lo necesitan.

Su gran experiencia como periodista (Nouvelles Esthetiques, Cuadernos de Estética, etc.) y como organizadora (junto con su hermana Nelly y mi entrañable amigo Antonio José Hernández) de los Congresos Hispanoamericanos de Estética más grandes que nunca han habido en España, hizo que conociera perfectamente aquel pasado y este presente en el que todos los profesionales del mundo de la imagen íbamos a estar tan solicitados.

A ellas dos (Anny y Nelly) y a él (Antonio José) va dedicado este libro, está edición rescatada del primer y más cotizado "best-seller" español del mundo de la Estética Profesional, que se agotó rápidamente, llegando a ser el más imprescindible libro de texto para las principiantes y el más apreciado libro de consulta para las consagradas. En toda España y toda Latinoamérica.

Nos habían pedido muchas veces desde todos los lugares de habla hispana su reedición Y cuando ya lo habíamos decidido, Anny tuvo el terrible accidente de automóvil que le cambió la vida. Para bien, pues empezó a pensar en ella y a vivirla plácidamente en su querida Costa Brava.

Yo no podía fallarle. Nos habíamos propuesto que las nuevas generaciones también tendrían la oportunidad de conseguir un ejemplar de aquel "libro azul".

Aquí está. Cuando ya casi no se lleva editar en papel, aquí lo tienes: igual que el original, solo con algunas pequeñas actualizaciones. Y como aquel: hecho primero por y para ti, Esteticista (mujer u hombre). Y después para ti también (hombre o mujer), que quieres saber, a través del una lectura fácil y amena, como trabajamos los que somos felices atreviéndonos a mejorar la obra de Dios.

Como siempre, a vuestra disposición.

Dr. Juan Antonio Mira
(Valencia 2.009)
www.doctormira.com

Introducción de Anne Sorel

Todas las esteticistas han tenido o tendrán ocasión de tratar a personas que se van a someter o se han sometido a una intervención de cirugía estética.

Este libro ha sido escrito para ellas.

En una época en la que los progresos de la medicina y los avances sociales permiten prolongar la vida, nos tenemos que empezar a preocupar de la calidad de esta vida. Estar en armonía con la propia apariencia física, es un factor importante de felicidad.

La democratización de los cuidados de belleza y la desdramatización de la medicina y la cirugía estética han producido un cambio de mentalidad que ha impulsado a muchas mujeres, a recurrir los cuidados de belleza y en caso necesario a la cirugía estética.

Cuando una persona empieza a pensar en la medicina o cirugía estética como la única solución a su problema, en la mayoría de los casos no consulta directamente con un cirujano plástico. Casi siempre consulta a alguna amistad que posiblemente ya ha pasado por un tratamiento. O entra en Internet. O se informa a través de los medios de comunicación. Busca respuesta a sus preguntas:

¿Cuánto tiempo dura la intervención? ¿Y la hospitaliza-ción? ¿Dónde queda la cicatriz? ¿Se va a notar? ¿Tengo la edad idónea? ¿Duele? ¿Qué tipo de anestesia? ¿En qué sitio me lo harán? ¿Cuánto tiempo dura el resultado? etc., etc. Y por último ¿Qué médico o cirujano me lo puede hacer?

En España tenemos la suerte de tener excelentes especialistas y que trabajan además en unas instalaciones magníficas con equipos humanos de primer nivel.

No obstante, a la hora de aconsejar a un cirujano tendremos en cuenta varios factores:

–   Que tenga mucha experiencia, lo cual le permitirá evitar muchos escollos.

–   Que tengamos referencias, directamente, de la satisfacción de sus pacientes (es importante poder conocer o ver a una de sus pacientes intervenidas).

–   Que considere a la esteticista como una colaboradora, es decir, que valore su trabajo de preparación de la paciente y que le recete los cuidados postoperatorios imprescindibles para acelerar y mejorar el resultado final.

El Dr. Juan Antonio MIRA, por el que siento una gran admiración como Cirujano Estético y como persona, entendió la necesidad de realizar este libro, que pretende ser un manual de consulta para que las esteticistas puedan contestar con acierto a las preguntas de sus clientes.

Las explicaciones de cada intervención han sido simplificadas voluntariamente con el fin de que el lenguaje sea comprensible y el acceso fácil para las esteticistas.

La idea es interesante porque viene a cubrir un vacío dentro que existe del campo de la literatura de nuestra profesión.

La segunda parte del libro está dedicada a las técnicas que deberá utilizar la esteticista en contacto con una futura candidata a la cirugía estética o una recién operada.

No es más que una pauta de trabajo, y estoy convencida de que su sentido común y su práctica profesional les permitirá completar y perfeccionar los tratamientos descritos.

El libro está dividido en cuatro apartados:

1. La cirugía estética: cada intervención una a una.

2. Fichas técnicas: para encontrar rápidamente la respuesta a cualquier pregunta.

3. Láminas ilustrativas, realizadas por el Dr. Antonio MONCLUS.

4. El trabajo de la esteticista. El pre y el postoperatorio de las principales intervenciones.

Sólo me queda desear que este libro interese a todos y permita a muchos conocer nuestro trabajo, con el fin de favorecer una colaboración cada día más positiva entre la estética y la medicina.

Anne Sorel
(Barcelona 1.985)

Estética y Cirugía Estética

primera parte

la cirugía estética

I.
Cirugía Estética
FACIAL

Rinoplastia

(nariz)

Un prestigioso cirujano latinoamericano considraba que la estética facial se apoya en cuatro puntos: la nariz, el mentón y los dos pómulos. De la prominencia equilibrada de los mismos depende en gran manera la estética facial.

Vamos a comenzar con uno de ellos: la nariz.

Se han descubierto jeroglíficos egipcios y escritos indios que nos han hecho saber que la cirugía estética nasal se practicaba desde el año 600 antes de Jesucristo. La amputación de la nariz era una práctica común en la antigua India, utilizada para castigar el adulterio, el robo y otros delitos. Es por tanto seguro que el uso de reconstrucciones nasales se realizó desde entonces y así se cita en el Ayur-Veda.

En Italia, año 1597; Tagliacozzi describió un método con detalle. Fue perseguido por herejía, pues en aquella época, las deformidades eran consideradas como una voluntad de Dios.

Pero la edad moderna de la rinoplastia estética

no comienza hasta 1887, en que un médico de Rochester, Juan Orlando Roe, describe la rinoplastia correctiva de toda la nariz. Perfeccionado luego por el famoso cirujano alemán Joseph en 1931, y sublimada por constantes innovaciones hasta nuestros días; será la base técnica de cada especialista.

Es interesante saber que la nariz tiene varias partes. Si la dividimos en tres secciones, de la frente al labio, notaremos en el tercio superior un caballete óseo (los huesos propios), en el tercio medio un área más blanda (los cartílagos laterales) y en el tercio inferior la punta y parte de las alas (los cartílagos alares). Todo ello forma como una tienda de campaña soportada por una lámina vertical interna (el tabique) que en la parte inferior externa, se cubre de piel y forma una separación entre las dos ventanas, (la columela).

Pues bien, en la Rinoplastia normalmente actuamos siempre sobre todas y cada una de estas estructuras. Hoy, la nariz se considera como un conjunto armónico sobre el cual realizamos un detallado estudio; tanto de la nariz en sí misma, como de todo el conjunto individual del paciente.

El objetivo de la intervención, es buscar individualmente en cada paciente (hombre o mujer); la nariz más armónica posible.

Para este fin, planificamos el trabajo a realizar; considerando el aspecto genético, étnico, hacemos fotografías, mediciones, dibujos, digitalizaciones, etc. que comentaremos con el paciente y nos servirán de pauta en el quirófano.

TECNICA QUIRURGICA

La intervención se desarrolla según preferencia

de los cirujanos; con anestesia general o con anestesia local. Nosotros nos inclinamos por la anestesia local con sedación.

Después de haber realizado el detenido estudio estético por y superado un completo examen clínico, analítico y electrocardiográfico, se programa el ingreso en el hospital.

La intervención de rinoplastia puede ser abierta o cerrada, es decir, desarrollada toda por vía interna, a través de la parte interior de las ventanas nasales, o con una pequeña incisión exterior.

El equipo quirúrgico y el instrumental deben ser altamente especializados. Se incide la mucosa nasal, dentro de las fosas, y se despegan las estructuras internas, óseas y cartilaginosas de la piel. Desde allí se alcanzan todas las estructuras de la nariz, tabique, cornetes, etc.

Cuando existe una prominencia encima de la nariz, se reduce la parte ósea y cartilaginosa, siempre a través de las pequeñas incisiones. Se adaptan los dos huesos nasales, izquierdos y derechos, a la nueva forma, estrechando a continuación la nariz. Con ello conseguimos simultáneamente un dorso más armónico y una base más reducida.

En la mayoría de las veces se modela también la punta nasal trabajando sobre los cartílagos alares.

Toda la intervención se realiza siguiendo un meticuloso plan, concebido en el estudio previo con el paciente. En alguna ocasión puede existir unas alas largas excesivamente largas. Su corrección se consigue retirando una pequeña cuña de piel en la base de las mismas, junto a la mejilla, con lo que la pequeña marca de unión queda inaparente.

Terminada la corrección estética y funcional, en las fosas se colocan tapones especiales. Son de material esponjoso, con un tubito central para la respiración. Si sólo se operó la nariz, éstos serán mínimos y se quitarán en un par de días. Si se intervino el tabique, serán algo más largos y se quitarán a los tres o cuatro días, con el fin de mantenerlo centrado, a modo de sándwich, durante su curación.

La operación suele durar entre una y dos horas, dependiendo de las características de cada paciente.

Para terminar colocamos en el dorso una férula de protección plástica maleable, la cual mantiene todas las estructuras en su sitio, protegiéndolas contra cualquier traumatismo. La nariz es muy vulnerable y simplemente durante el sueño podría alterarse. Esta férula se retirará al cabo de una semana.

A veces suele combinarse la cirugía de estética nasal con la corrección del tabique desviado, intervención conocida como Septorrinoplastia. Otras veces, en la corrección de los llamados "perfiles de pájaro", se realiza a la vez, una intervención relativamente sencilla sobre el mentón llamada Mentoplastia, con lo que se logra un equilibrio completo del perfil. A esta doble corrección quirúrgica de Rinoplastia más Mentoplastia, se la conoce con el nombre de Perfiloplastia.

Contrariamente a lo que se pudiera suponer, el postoperatorio no suele ser doloroso. Habrá una pequeña dificultad para respirar por la nariz, especialmente mientras lleve los tapones, y un hematoma ("moradura") de intensidad variable, en la región de los párpados, que deberá ser prácticamente invisible en una semana. No causarán dolor, ni la extracción de los tapones ni la retirada de la férula.

Una vez retirada ésta protección, podremos iniciar los tratamientos que indicará el cirujano para ayu-

*El perfil aguileño
da un aspecto más
grave y envejecido
al rostro*

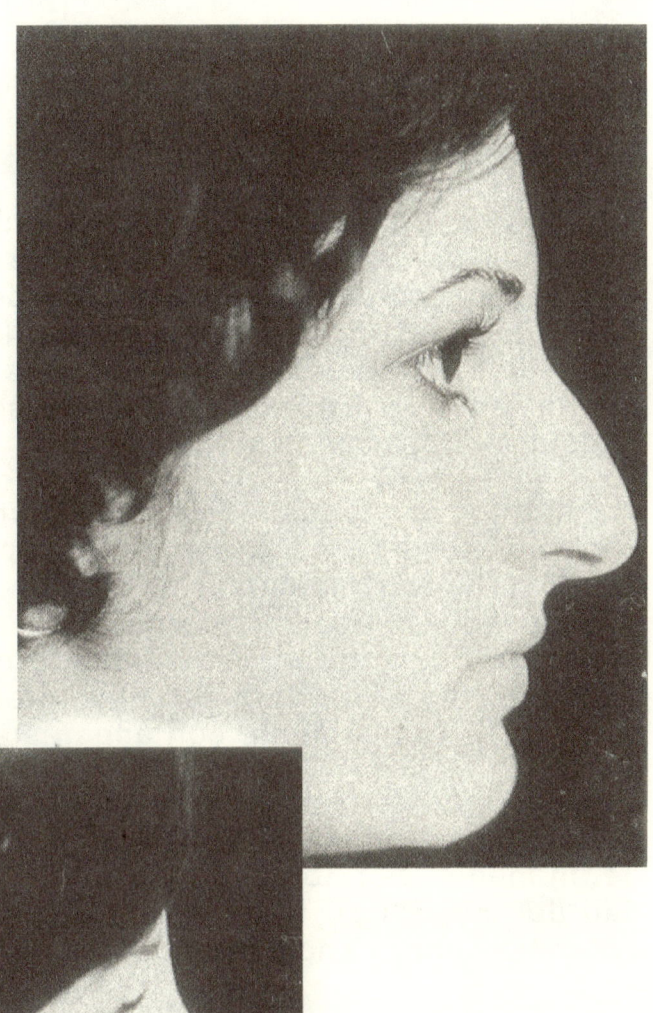

*Su corrección sua-
viza y armoniza la
expresión*

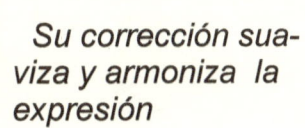

Dr. Mira y Anne Sorel

dar a mejorar con rapidez su aspecto general.

RESULTADOS

Los resultados son ya prácticamente excelentes en pocas semanas, pero habrá que esperar algunos meses para conseguir el resultado definitivo. Pero no hay que desesperar, pues al retirar la férula, a la semana de la intervención, la nariz será otra, y ya mejor que la anterior. El paso del tiempo solo la estilizará y la dejará mas armónica, más bella.

Como en todas las intervenciones de Cirugía Estética, en algunos casos puede aparecer algún pequeño defecto (trabajamos sobre seres vivos). Con las técnicas quirúrgicas modernas, de alta precisión, si aparecen estos serán generalmente mínimos y podrán mejorarse con un ligero retoque, practicado en pocos minutos, y normalmente con anestesia local.

La rinoplastia es, como todas las intervenciones de cirugía estética, un tratamiento en el cual a través de un medio (la rinoplastia) llegamos a un fin (la felicidad del individuo). Esto, aún hoy, es muy difícilmente entendido por la sociedad que nos rodea.

*Otro tipo de nariz
que puede parecer
correcto, pero que
no satisface a la pa-
ciente*

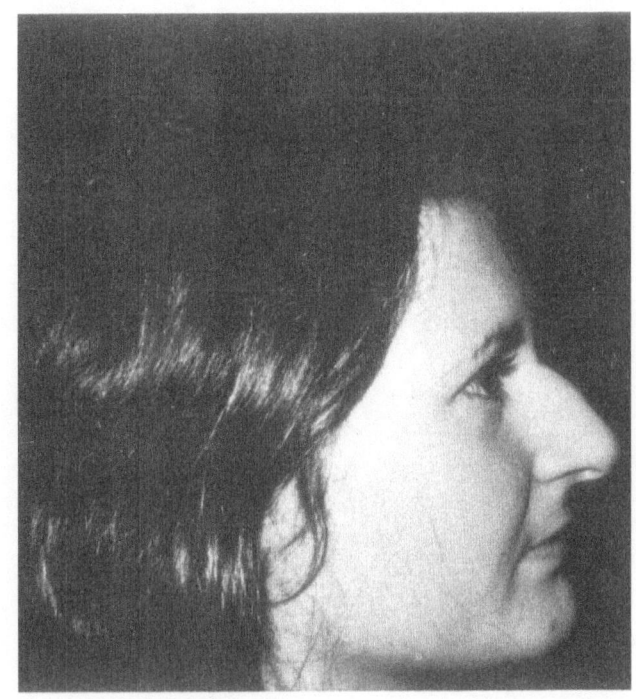

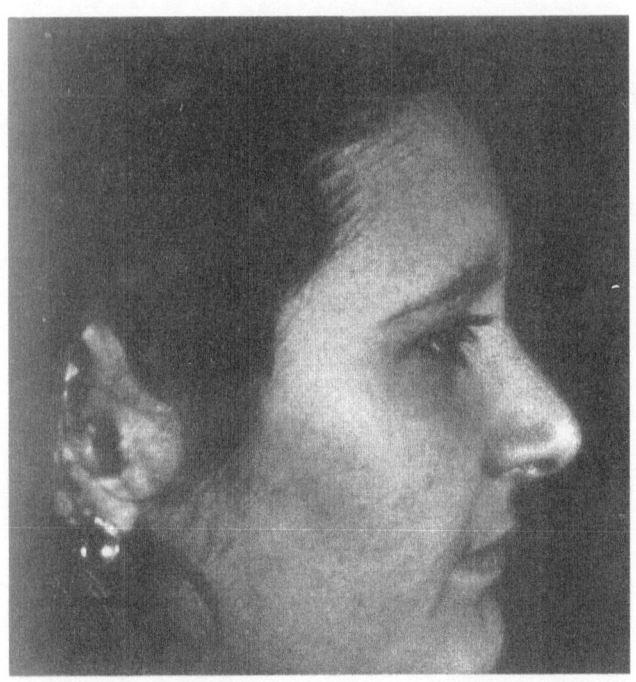

*El resultado es
muy natural y sa-
tisfactorio*

Dr. Mira y Anne Sorel

21

Mentoplastia

(mentón)

La forma del mentón viene dada fundamentalmente por el maxilar inferior. Este es un hueso que tiene una articulación en el cráneo, próxima a las orejas y también una arcada, donde se encuentran las piezas dentarias inferiores.

Las anomalías de forma del mentón pueden ser muy variadas. Las causas van desde el origen genético hasta el traumatismo.

En los casos que hay una alteración en la simetría, es decir, que el lado derecho es diferente al izquierdo, la corrección suele ser compleja y requiere de técnicas de alta especialización.

MENTÓN PROMINENTE

Cuando el problema es una progenia, nombre que se le da al mentón excesivamente prominente; se requiere un diagnóstico y tratamiento elaborados, con un análisis fotográfico como se realiza en todos los casos de Cirugía Estética, un estudio radiográfico, análisis de la oclusión de la boca, etc.

Se opera normalmente por la parte externa, debajo del mentón, y consiste básicamente en eliminar una porción exacta de la mandíbula. Para la curación, se fija la apertura de la boca colocando una inmovilización, por unos cuarenta días.

Es una intervención muy meticulosa y que debe ser realizada siempre, por un experto cirujano maxilofacial.

MENTÓN RETRAÍDO

En el caso contrario, cuando existe una Retrogenia o mentón retraído o hundido, siempre que la oclusión dentaria sea correcta; puede modificarse la forma externa con una intervención relativamente sencilla que es la *Mentoplastia Aumentativa*

Esta intervención, puede ser realizada en una misma sesión quirúrgica con una Rinoplastia utilizando sedación. Pero si se opera sólo Mentoplastia, puede hacerse con anestesia local.

Diseñado ya el tamaño del implante a colocar se le implanta debajo de la piel. Este puede ser autólogo (de tejidos del propio individuo) o heterólogo (de materiales sintéticos). Nuestra vía de acceso preferida es la submentoniana, es decir a través de una pequeña incisión en la piel bajo de la barbilla. También se puede abordar haciendo una incisión en la mucosa interna del labio inferior, junto a la encía. En cualquier caso, el implante se coloca en la parte anterior de la mandíbula.

Para cerrar utilizamos una sutura reabsorbible, que desaparecerá en pocos días.

Aplicamos un apósito semicompresivo para ayudar la inmovilización, y que la mantendremos durante una semana.

Durante las primeras horas del postoperatorio solemos dar algún analgésico.

En este caso el defecto de la nariz viene acentuado por un mentón retraído.

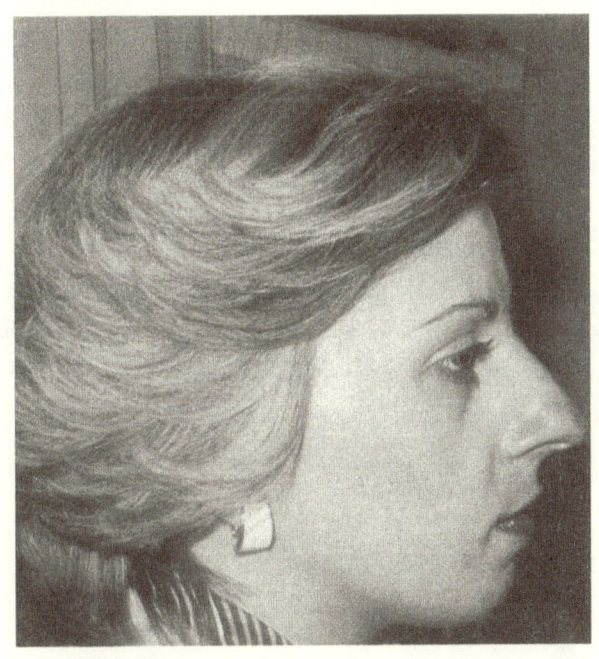

Se ha realizado una perfiloplastia, es decir una reducción de la nariz, al mismo tiempo que se ha incluido una prótesis en el mentón.

El resultado es espectacular.

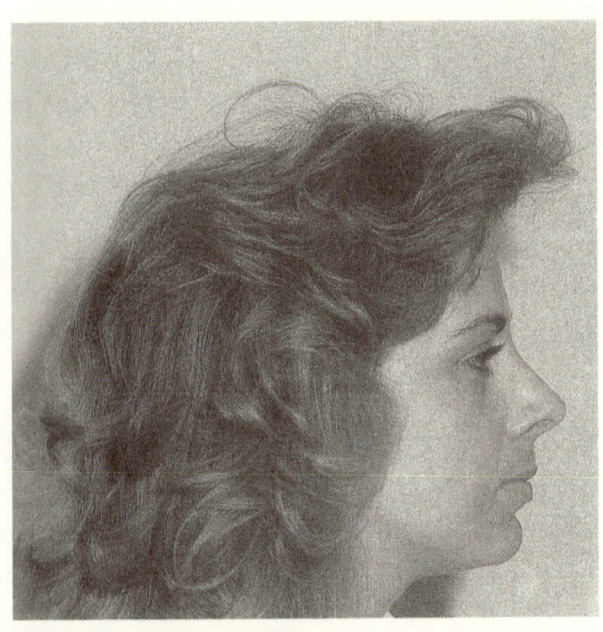

Dr. Mira y Anne Sorel

Resultado

Hay un edema relativo y algo de hematoma, los que cederán paulatinamente hasta quedar en la forma y estructura definitiva.

El resultado; tanto en el caso únicamente de la colocación de una prótesis de mentón (*Mentoplastia*), así como en el caso de una intervención combinada de mentón y naríz (*Perfiloplastia*); es muy gratificante.

Malarplastia

(pómulos)

El malar es el hueso que forma el relieve de los pómulos. Como decíamos antes, la proyección de ambos se considera un índice de belleza.

La cirugía de aumento es relativamente sencilla. Podemos realizarla introduciendo sobre el relieve óseo existente con unas prótesis de silicona, más modernamente, con infiltraciones, de síntesis (ácido hialurónico, hidroxilapatita, etc.) o del propio individuo (grasa, sangre preparada).

Aunque es una intervención que puede realizarse por sí sola, suele combinarse con otras, como el Lifting.

Se realiza con anestesia local y el paciente no requiere hospitalización.

El postoperatorio no es molesto y el resultado, cuando está indicado, es bueno sin notarse aspecto artificial en el pómulo operado.

Otoplastia

(orejas)

La llamada "oreja en soplillo" es una anomalía que frecuentemente lleva consigo alteraciones psicológicas. Todavía en nuestra sociedad los niños (y los adultos) con este problema sufren la incomprensión del entorno. Por esto la corrección la hacemos precozmente, entre los cuatro y los seis años de edad. De este modo evitamos problemas psicológicos que pudieran surgir al llegar al uso de razón.

En los adultos también es un serio problema de complejos psicológicos. No es raro que acudan a nuestra consulta chicos y chicas, hombres y mujeres, que han sufrido este problema y han tenido que esperar a decidir sobre sí mismos para poder tratarlo.

El tratamiento, a lo largo de la historia, ha sido pintoresco. No es raro, si ojeamos periódicos antiguos, ver en alguna de sus páginas los más curiosos artilugios para evitar o corregir orejas prominentes, lo que por supuesto no lograban.

Es en 1845, cuando por primera vez Dieffenbach

tiene la idea de intervenir sobre la piel y cartílago auriculares con resultados positivos.

La oreja es fundamentalmente una estructura de cartílago, con la piel íntimamente unida al mismo. Así esta estructura de sostén, forma el esqueleto de casi toda su estructura, exceptuando el lóbulo.

El defecto más común es falta de formación de uno de sus pliegues llamado *antihélix*. El pabellón auricular presenta un aspecto más o menos plano en su región externa.

La intervención se puede hacer con anestesia local en adultos. En los niños pequeños es aconsejable la sedación anestésica, ya que es la única forma de mantenerles sosegados durante la operación

Planificamos cuidadosamente cada caso utilizando el digitalizador de imágenes para que el paciente pueda "ver" el resultado antes de la intervención. Realizamos la operación por la parte posterior del pabellón auricular, modelando al cartílago y reduciendo algúna porción del mismo si ello fuera necesario. Generalmente sobra también piel, que se la extirpa igualmente.

El postoperatorio es algo incómodo, pero se puede tratar con analgésicos. El paciente deberá llevar una banda elástica para proteger los pabellones auriculares unos pocos días, debiendo utilizarla para dormir durante un mes.

Normalmente utilizamos suturas reabsorbible, por lo que no es necesario retirar los puntos.

Al situarse la incisión en la parte posterior de la oreja, no habrá nunca una marca visible.

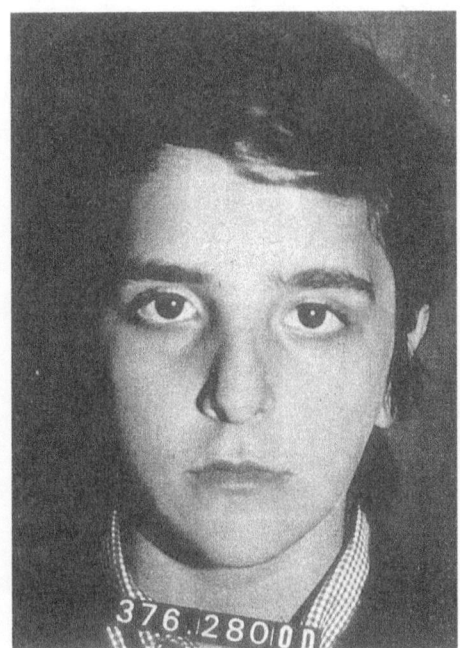

Las orejas despegadas recuperan una situación normal inme-diatamente después de la intervención.

Queiloplastia

(labios)

Estas intervenciones son poco frecuentes. Su finalidad es aumentar o disminuir la anchura del bermellón labial.

Los labios son unas estructuras en que la mucosa emerge al exterior y de alguna manera "invade" la piel.

Para reducir la anchura del bermellón, se extirpa un huso de mucosa del labio dentro de la boca, frente a las encías. Esto hace que al unirse con sutura, normalmente reabsorbible, de alguna manera "tire" hacia su interior, lográndose con ello una disminución del área visible.

Para aumentar la anchura del bermellón, se logra extrayendo una zona de piel, también en forma de huso delgado, a lo largo del perfil del contorno del labio. Su eliminación hace que el labio "aumente" por la tracción hacia afuera de la mucosa bucal.

Ambas, no son técnicas extraordinariamente complejas y estas pueden realizarse combinadas con otras intervenciones o simplemente solas y si es en este último de los casos, puede ser efectuada con anestesia local.

El postoperatorio es leve y habrá una edematización de los labios, el mismo que cederá por completo en unas pocas semanas.

La cicatriz, en el caso de la reducción es invisible ya que se encuentra dentro de la boca. Y en el caso del aumento puede quedar una línea bordeando el labio durante algunos meses.

Actualmente el aumento de labios se trata con infiltraciones de larga duración o prótesis permanente.

Dermoabrasión
(peeling mecánico)

La piel del rostro tiene una característica peculiar y es que posee gran cantidad de anexos cutáneos: glándulas sudoríparas, glándulas sebáceas, folículos pilosos, etc. Estas estructuras tienen una propiedad llamada "metaplasia", por la cual son capaces de transformarse en células epidérmicas, es decir, piel. Actualmente sabemos que todo ello está muy relacionado con la función de las células madre.

Esto hay que tenerlo muy presente. Abrasionar la piel no es, aunque aparentemente sea similar, lo mismo que lijar una madera. La piel está viva y se regenerará tal y como hemos descrito antes. Por ello, si hay suficiente cantidad de anexos cutáneos, la reconstitución de la piel será buena y la abrasión tendrá éxito. Si no los hay, bien por naturaleza (los párpados, la parte anterior del inferior del cuello, parte interna del brazo, dorso de la mano, etc).) o por lesión (zonas quemadas, alteradas por radiaciones, grandes cicatrices, etc.), entonces la regeneración será muy pobre e incluso nula, con lo que el tratamiento abrasivo puede hasta llegar a empeorar la alteración existente.

Las primeras dermoabrasiones se realizaron en el año 1905

por Kromayer. Desde entonces, aunque el procedimiento continúa siendo prácticamente idéntico, los medios técnicos han avanzado notablemente. Podemos utilizar un motor unido a un mango similar al de las fresadoras de los dentistas y con una pequeña pieza cilíndrica con superficie áspera formada por elementos de un producto de gran dureza. Actualmente existen aparatos con chorro de microcristales de una alta precisión.

La intervención se hace con anestesia local si la zona es poco extensa. Para regiones amplias, para todo el rostro, es conveniente la anestesia general.

Es fácil suponer que el cirujano debe tener experiencia en la utilización de este sistema, ya que existe un plano de abrasión por debajo del cual no se debe nunca profundizar.

Terminada la operación nosotros aplicamos sobre toda la cara una lámina de material plástico semipermeable. Es el método más cómodo para el paciente y un excelente sistema de protegerle la zona durante los aproximadamente quince días que estará la piel en período de regeneración. Esta lámina se va desprendiendo espontáneamente a medida que la reepitelización va sucediendo.

Los resultados son positivos sobre las marcas no excesivamente profundas. Cuando el acné ha producido cicatrices muy deprimidas hay que valorar poder combinar la abrasión con el relleno o la extirpación quirúrgica de las mismas.

Exéresis y Plastias

(cicatrices)

Hay que tener algo muy presente: la Medicina no dispone de un bisturí extraordinario que al cortar, al quitar algo en la piel, consiga que su unión se haga sin marca alguna. La cicatrización es un proceso vivo, según el cual, una discontinuidad de la piel, es reparada biológicamente con un tejido cicatricial que no es como la piel.

El cirujano plástico utiliza todos sus conocimientos para saber cómo tratarlas, de modo que las cicatrices quirúrgicas puedan llegar a parecer casi invisibles.

Cuando vemos una herida reciente podemos estimar su pronóstico estético con poco margen de error: si ésta es lineal y sigue las RSL (Relaxing Sking Lines = Líneas de Relajamiento de la Pie), normalmente el resultado será favorable. Si por el contrario la herida es contusa, o no sigue las RSL, el futuro de la misma puede ser problemático.

Las líneas RSL no son difíciles de averiguar: siguen normalmente el sentido de las arrugas de la piel.

Indudablemente el mejor tratamiento de una cicatriz, es evitar que ésta se produzca. Pero si ya la tenemos, ¿cómo solucionarla?.

Dada la infinita variedad de las mismas, describir cada procedimiento sería imposible. Pero vamos a intentar generalizar diciendo que, además de la *abrasión* ya citada, sobre una cicatriz podemos hacer también *exéresis* y *plastias*.

La exéresis consiste en extirpar la zona cicatricial para luego volver a unirla, aplicando las técnicas estéticas o atraumáticas, procedimientos muy específicos realizados con de materiales avanzados. Esta exéresis suele hacerse sobre lesiones pequeñas, poco anchas, y que siguen las RSL.

Las plastia son más complejas. Existen variedad de técnicas aplicables para cada problema. En cicatrices retráctiles o que van en contra de las RSL, están indicadas las Z-plastias o W-plastias. En zonas con importantes pérdidas de piel, se realizan otras plastias de vecindad, injertos de piel parcial o injertos de piel total.

Como vemos, la cirugía de la cicatriz no es sencilla. Requiere un profundo conocimiento de las técnicas de cirugía plástica, las que han servido siempre de base en la aplicación de la cirugía estética.

Igualmente como en la Dermoabrasión, la práctica de la anestesia local o general dependerá de ciertos factores como la extensión de la zona a tratar, la edad del individuo, etc.

La evolución postoperatoria es lenta. Pueden pasar meses y hasta más de un año, hasta que se pueda considerar que la intervención ha conseguido el máximo resultado. En el tratamiento de las cicatrices que tener paciencia. Solamente el Cirujano podrá decir cuándo ha llegado el momento final.

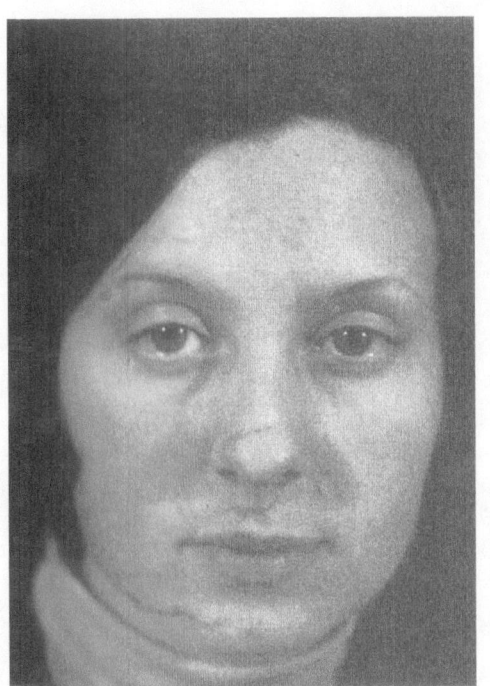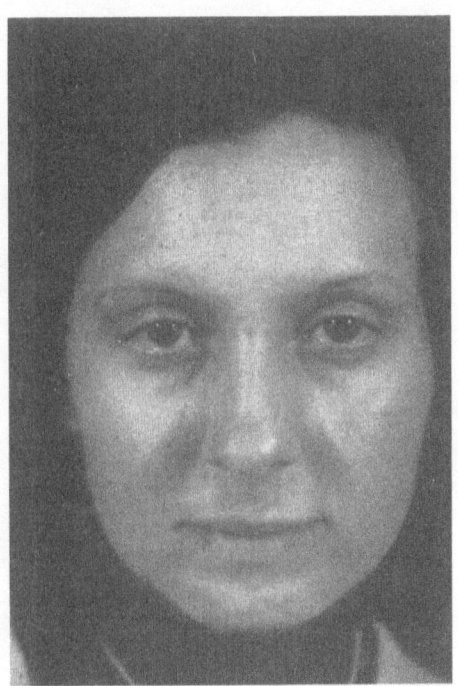

La intervención sobre las cicatrices del rostro mejora considerablemente su aspecto

II.
Cirugía Estética
CORPORAL

Mamaplastias

(senos)

Historia de su evolución

Es indudable que el seno de la mujer ocupa uno de los puestos más importantes, si no el primero, de su interés personal. En los simios, la zona de "emisión" de la hembra hacia el macho, suele ser la glútea y vulvar. En la mayoría de ellos (de ellas), esta parte anatómica es coloreada y llamativa.

Cuando en un momento en la evolución de las especies, los homínidos se deciden mantenerse sobre dos extremidades (bípedestación) y dar la cara al otro sexo, para mostrar su atractivo la hembra varía aquella zona de atracción visible, y que con el paso de los siglos traslada al pecho.

Entonces este se desarrolla en forma desproporcionada para sus estructuras de sostén, pasando a ser, tanto en lo físico como en lo psíquico, un elemento de excepcional importancia.

La mama es una estructura compuesta de grasa y tejido glandular, en proporción variable para cada mujer. Se apoya sobre la musculatura torácica y está cubierta por la piel, que le aporta un débil sostén.

Aproximadamente en su zona media se encuentra la areola y en su centro el pezón, con capacidad eréctil, donde terminan los conductos galactóforos que, desde el tejido glandular, podrán conducir la leche materna, en caso dé alumbramiento.

Es una zona extraordinariamente sensible. Esto tendrá especial importancia en el desarrollo de las técnicas quirúrgicas.

Mamaplastia Aumentativa

(aumento de senos)

La sociedad actual, tanto masculina como femenina, reconoce que un seno bien desarrollado es una característica fundamental en el atractivo de la mujer. Hay factores que favorecen esto: la importancia de mantenerse con una imagen joven y atractiva, el mayor tiempo dedicado a la vida social, la actitud actual hacia las relaciones sexuales.

La vida de una paciente con el pecho insuficientemente desarrollado se puede ver profundamente afectada por varios problemas: falta de confianza en sí misma, baja autoestima, dificultades de inadaptación al entorno social, frigidez, etc., Por ello, no es raro ver un cambio positivo en la personalidad después de la intervención de aumento de senos.

La mujer que desea un aumento de senos, normalmente tiene la madurez suficiente como para saber que es lo que quiere para sí misma con el fin de mejorar su propia imagen. Esto difícilmente será compartido y comprendido por su entorno y representará una dificultad a superar para conseguir su meta.

Actualmente hay aún una alguna resistencia de determinados entornos sociales, especialmente entre aquellas mentalidades muy tradicionales (hombres y mujeres) que se resisten a comprender estos cambios femeninos acordes con la época en que vivimos. Lo cual afortunadamente, no deja de ser un mínimo obstáculos en el trayecto de la paciente hacia la consecución de su meta.

El deseo de aumentar la mama es muy antiguo. Se ha intentado con el uso de elementos tan extraños como bolas de marfil, inyecciones de parafina, grasa, etc.

Hoy las cosas han cambiado ostensiblemente y gracias a la constante investigación. En 1949 se experimentaban con cierto éxito implantando de esponjas con sustancias no reactivas en perros De estos trabajos se concluyó, que el polivinilo podía ser un principio.

En 1961 se describía la inyección de silicona libre, con resultados desalentadores y por fin en 1963 aparecen las primeras prótesis de gel de silicona médica dentro de una cubierta realizada con el mismo producto.

Desde entonces se han practicado millones de implantes en todo el mundo, siendo una de las intervenciones "estrella" en nuestra práctica de la Cirugía Estética.

Los materiales han evolucionado y las formas también. Protesis de suero fisiológico, poliuretano, aceite de soja, hidrogelatina; formas redondas, ovales, anatómicas, asimétricas. Nosotros, que lo hemos probado todo, nos inclinamos por el gel cohesivo de silicona y con formas clásicas.

Las vías de abordaje han sido también variadas:

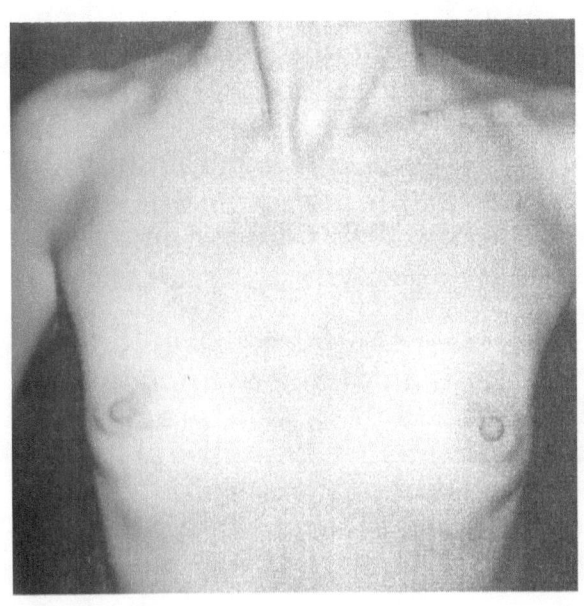

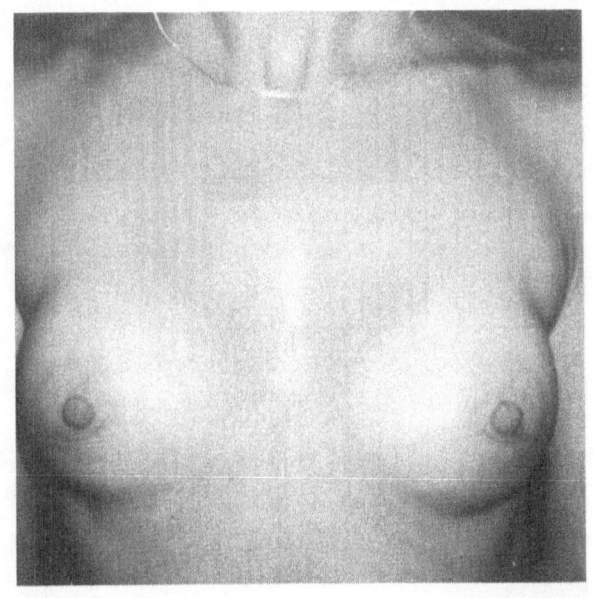

*El aumento de senos
es la intervención más
agradecida, de resulta-
do inmediato y sin
ningún tipo de compli-
cación ni de cicatriz
aparente*

Dr. Mira y Anne Sorel

submamarias, axilares, areolares, incluso umbilicales. Nosotros seguimos, después de algo más de 2.000 casos, con nuestra técnica personal que denominamos transareolar Inferior, que publicamos por primera vez en 1981 (Cuadernos de la Sociedad Española de Cirugía Plástica, Reparadora y Estética) y por última en 2004 (Congreso Mundial de la International Society or Aesthetic Plastic Surgery, Sidney). La practicamos hoy con excelentes resultados.

La operación la hacemos con anestesia local y sedación. La incisión es horizontal y de unos pocos milímetros, en zona discreta: dentro de la areola, debajo del pezón. A través de ella, a través del tejido glandular llegamos hasta la aponeurosis del musculo pectoral mayor, encima del cual crearemos un bolsillo con los límites naturales de la mama, dónde colocaremos el implante.

La elección del implante no es "a la carta". Hemos hablado de un espacio natural, con unos claros límites. Eso es lo que tendremos que rellenar con la prótesis, de forma y tamaño, precisos para así conseguir un pecho lleno y natural..

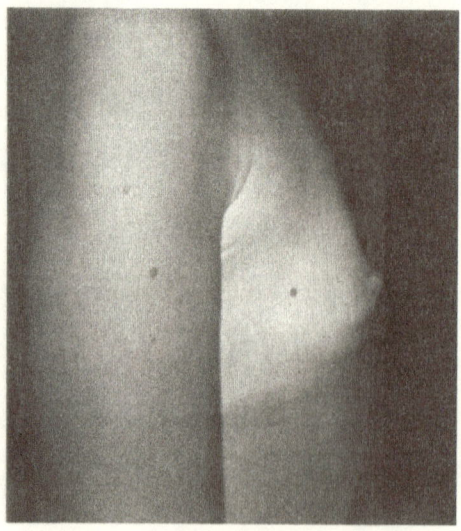 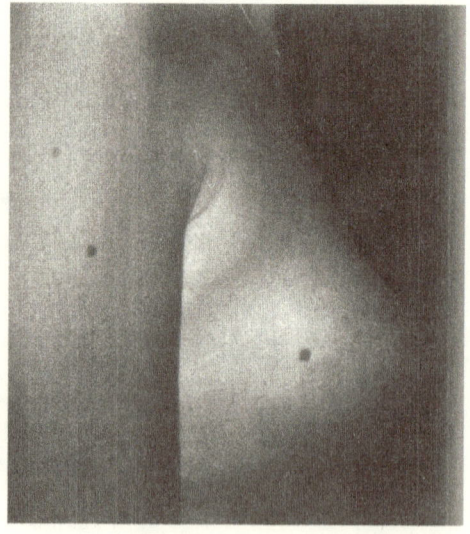

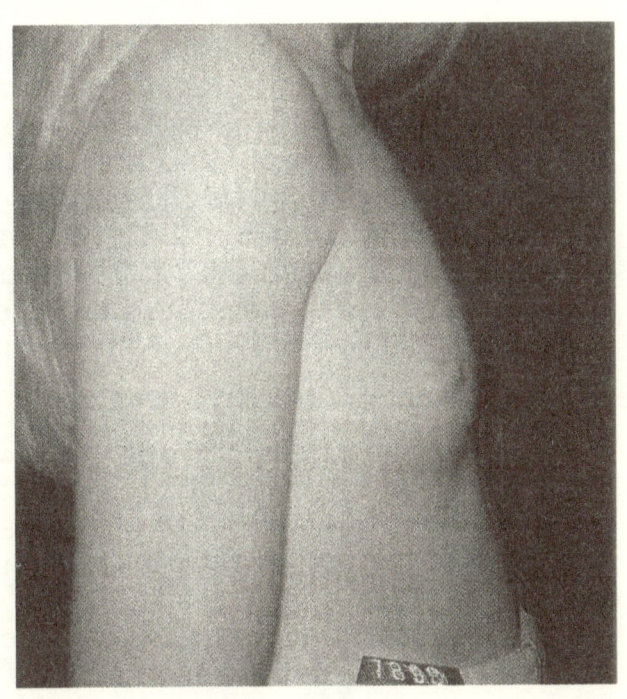

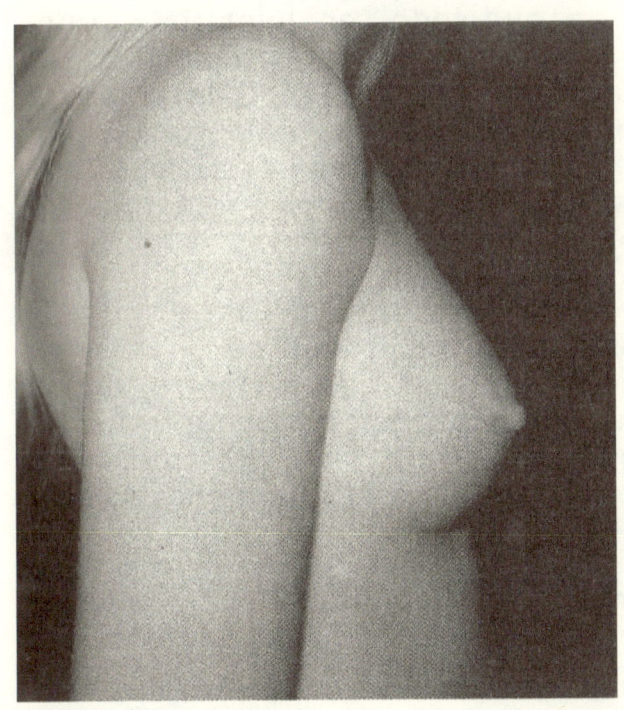

Nosotros, que realizamos alrededor de 1000 casos implantes con alojamiento detrás del músculo, actualmente y desde que tenemos excelentes implantes de gel cohesivo, los situamos casi siempre suplementando la glándula, es decir, *delante* del músculo pectoral mayor. Creemos que ello nos da un mejor aspecto estético y una duración sostenida de su forma, al crearse una adherencia fibrosa entre la glándula y el músculo que evitará el descolgamiento precoz de la glándula.

Hoy disponemos de una gran variedad de formas y tamaños. Incluso nosotros desarrollamos un procedimiento con prótesis anatómicas asimétricas. Pero no nos condicionamos a tal o cual implante, ni en perfil ni en volumen. El espacio virtual que alojará el implante es distinto en cada mujer y así, como sucede con un zapato, su talla debe ser exacta. Y esto solo lo sabemos en quirófano, cuando vernos y exploramos esa cavidad natural. Como decíamos anteriormente, creemos que proponer un relleno mamario "a la carta" es una cierta fantasía ya que todo, en nuestro cuerpo, tiene una forma y un tamaño ideal, armónico. Por eso creemos que la prótesis debe ser adaptada a la paciente y no la paciente a la prótesis. Es como un pie, al que solo le calza un número de zapato, asi el hueco glandular mamario solo le "calzará" una prótesis entre las 130 que tenemos en nuestro quirófano. Esto es lo más natural y por tanto lo más estético.

La operación la haremos a través de un mínimo espacio: una pequeña incisión curva dentro de la areola que producirá una cicatriz prácticamente invisible en solo un mes. Esta línea será protegida con unas pequeñas banditas de material altamente tolerable.

Todas las suturas serán subcutáneas (por debajo de la piel) y de materiales reabsorbibles, con lo que no será necesario retirar puntos.

La paciente, como único vendaje, llevará un sujetador elástico deportivo. Con ello no tendrá molestias que necesiten de calmantes, pudiendo ducharse a diario y empezar una movilización en 48 horas.

Nuestra experiencia nos ha enseñado la importancia de los drenajes al vacío, pequeños y cómodos de llevarlos. Normalmente los retiraremos pasadas las primeras 24 horas.

Esta, como todas nuestras intervenciones quirúrgicas, las realizamos en hospital, en quirófanos de alta cirugía, lo que nos garantiza una seguridad máxima, fundamental para la tolerancia de los implantes.

Operamos con anestesia local y sedación, siempre en las primeras horas de la mañana, con lo que las pacientes pueden marchar a casa a primera hora de la tarde.

Los drenajes los retiramos pasadas 24 horas, realizando normalmente solo una o dos revisiones (no hacen falta curas) hasta pasado el mes de la intervención. Entonces daremos el alta con su correspondiente informe.

El aspecto postoperatorio inmediato será de un seno más alto, más lleno, más grande y más tenso. Esto lo advertimos siempre a nuestras pacientes. Esto es debida a la inflamación normal postoperadoria, que día a día va cediendo, hasta normalizarse en unas semanas.

La cicatriz será imperceptible. El seno conservará su sensibilidad y su capacidad para dar de mamar. Forma y tacto, serán sorprendentemente naturales.

El resultado de esta técnica es extraordinario, tanto inmediatamente como a largo plazo. Es una intervención muy positiva, que en todos sus aspectos suele ser muy gratificante para las pacientes.

Actualmente las complicaciones se han reducido notoriamente. Advertimos sin embargo a las paciente sobre la retracción capsular (endurecimiento del pecho por reacción al implante), problema este que fue importante hace décadas. Hoy esto es muy raro y de fácil solución.

Mamaplastia Reductiva

(reducción de pecho)

Se piensa que la primera mamaplastia reductiva realizada en una mujer data del siglo VII y fue un cirujano bizantino, Paulas de Regina, quien la realizó. Desde entonces hasta nuestros días se han desarrollado innumerables procedimientos quirúrgicos. Se puede no obstante decir, que entramos en la edad moderna de las técnicas reductivas con Biesenberger en 1927 y con Wise en 1956.

La cantidad y variedad de procedimientos quirúrgicos, hace que cada cirujano tengamos nuestros propios métodos originales pero con bases en técnicas clásicas. La experiencia nos ha hecho conocer que en estas intervenciones, como en las rinoplastias, la experiencia y los detalles mínimos, son los que más pueden llevar al éxito una intervención.

Prácticamente todos los procedimientos parten de tres técnicas fundamentales: la *circumareolares*, la *laterales* y las *inferiores*. Ninguna de ellas debe considerarse "sin cicatriz" pues todas dejarán unas líneas más o menos visibles por donde se practicaron las incisiones.

Las *técnicas circumareolares* se pretende una reducción utilizando extracción de piel y glándula en forma de corona circular, alrededor de la areola.

Si bien en teoría es un procedimiento que debiera modelar dejando una cicatriz discreta alrededor de la areola, la realidad es que en la práctica puede hacer perder el aspecto cónico del pecho al disminuirlo en un solo plano fronto-dorsal. Esto, unido a la eliminación moderada de tejido y a las tensiones que se forman en su cicatriz, hace que la consideremos como una opción secundaria.

Las *técnicas laterales* consisten en la exéresis del exceso de tejido hacia el costado. La sutura será desde la areola, posicionada también en su lugar ideal, en dirección hacia el surco mamario axilar, con más o menos variaciones de diseño.

Para ello, primeramente se marca con precisión sobre la piel la proyección del tejido a eliminar. El conjunto areola-pezón, se fijará en su nueva situación.

Terminada la extracción del tejido, uniremos todo con suturas reabsorbibles. Podremos dejar un drenaje o no, según los casos.

Las *técnicas Inferiores*, parten también de la posición de la areola, que recolocará igualmente en el lugar teóricamente perfecto. A partir de aquí, según los casos, se podrá planificar un procedimiento vertical único u otro en forma de áncora o "T" invertida.

La geometría de la mama es algo que el cirujano debe conocer muy bien. Y hacer entender al paciente que, como un día dijo un castizo "lo que no puede ser, no puede ser y ¡además es imposible!". Nos referimos a la reducción sin cicatrices. Siempre existirán, aun-

Un seno demasiado grande, además del problema estético evidente, puede provocar trastornos físicos y psicológicos

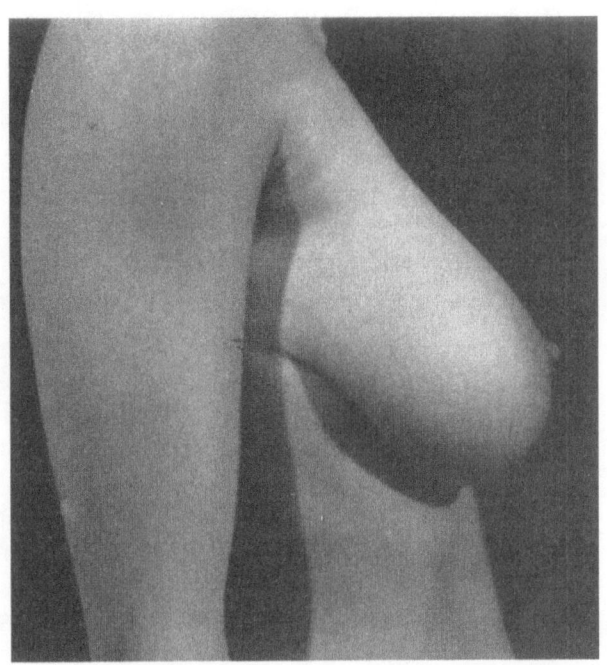

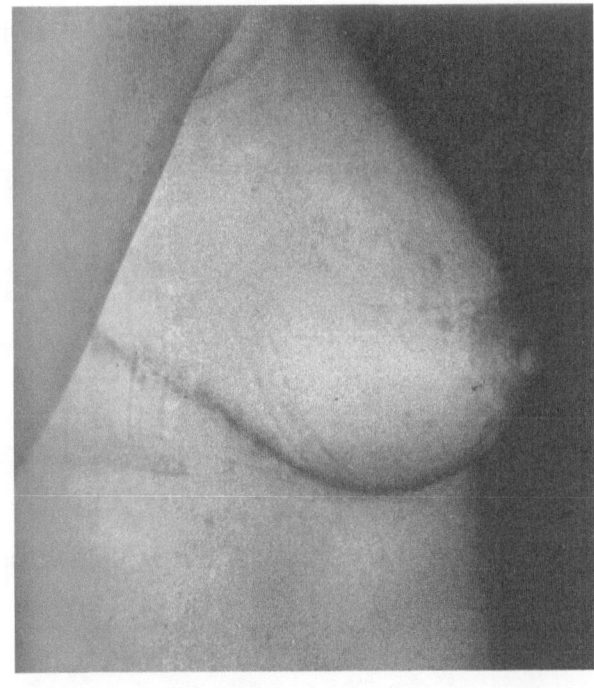

La mamaplastia reductiva resuelve estos problemas satisfactoriamente

Dr. Mira y Anne Sorel

que procuremos sean discretas.

Aunque la marca es un tributo necesario para la elevación o reducción de un pecho, si podemos hoy decir que ya no son ni tan largas ni tan inestéticas como hace años.

Aunque cada cirujano tiene sus preferencias, hay algunos los principios habitualmente todos tenemos presentes:

– Los pezones tendrán que mantener una simetría y una localización perfectamente naturales.

– Si la aréola es demasiado grande, se tendrá que reducir su circunferencia,

– Habrá que preservar la sensibilidad dentro de lo posible.

– La capacidad de dar de mamar, sobre todo en grandes reducciones, podrá perderse

– Cuanto más pequeña sea la base de un pecho, mejor quedarán las proporciones después de la reducción. Y viceversa.

La Intervención la realizamos bajo anestesia general y puede durar varias horas.

Los cuidados postoperatorios son sencillos pero a tener muy en cuenta:

– Si hay drenajes los retiramos después de 24 horas.

– Las suturas, a las 2-3 semanas (no se retirarán si son reabsorbibles).

– Cuidados de reposo relativo, ducha diaria y sujetador deportivo.

Estética y Cirugía Estética

Los resultados son satisfactorios, sobre todo por la pérdida de peso que castiga la columna cervico-dorsal (si hay molestias en esa zona, desaparecen rápidamente).

Hay que contar con las líneas cicatriciales, fácilmente escamoteable por un sujetador normal. Nunca hemos tenido que suspender una intervención, porque la paciente haya pensado que no merecía la pena este pequeño tributo para cambiar definitivamente su calidad de vida.

Mastopexia

(elevación del pecho)

Se llama Ptosis Mamaria al descolgamiento del seno ¿Cuándo puede considerar que un seno es ptósico?. Hay una regla general muy clara: cuando el pezón se encuentra a una altura inferior al surco submamario; es decir, visto de frente a un nivel más bajo de donde termina la mama en el tórax

Esta circunstancia puede coincidir con tres situaciones en el seno: que su volumen sea mayor, igual o menor que el normal. Y como volumen me refiero al "contenido" de la mama (tejido glandular y grasa), pues ya hemos visto que la piel está distendida, en todos estos casos y es por tanto excesiva.

Pues bien, cada caso tiene un tratamiento distinto sobre el mismo principio constante: eliminar la piel sobrante y posicionar la areola sobre el lugar ideal. Debemos por tanto diseñar para la paciente un nuevo "sujetador de piel".

Si la mama, además de caída es excesivamente grande, realizaremos una *Mastopexia* Reductiva, que prácticamente es igual a la Mamaplastia Reductiva.

Si el volumen de la glándula es correcto, realizaremos una *Mastopexia Elevadora.* Esto es también a la Mamaplastia Reductiva en cuando a su abordaje de piel, pero aquí eliminaremos solo piel, no glándula. Por tanto las incisiones serán también muy similares, tal vez algo más reducidas en su longitud. Es como hacer un "sujetador" más pequeño para el mismo contenido mamario.

Si la ptosis coincide con un volumen reducido, la técnica a utilizar será *de Mastopexia Aumentativa*; es decir, simultáneamente reduciremos piel e introduciremos una prótesis mamaria, para así conseguir en una sola intervención la forma y el volumen deseados.

Las Mastopexias se realizan, salvo casos de ptosis muy moderadas, con sedación anestésica general.

Su postoperatorio es leve: apósito ligero, sujetador adaptable, drenaje solo si hay aumento simultáneo.

Si los puntos no son reabsorbibles los retiraremos en 2-3 semana. Si lo son, no se retiran.

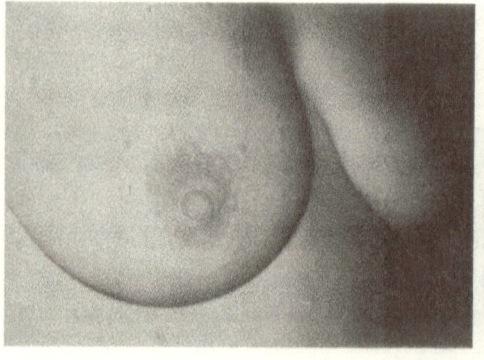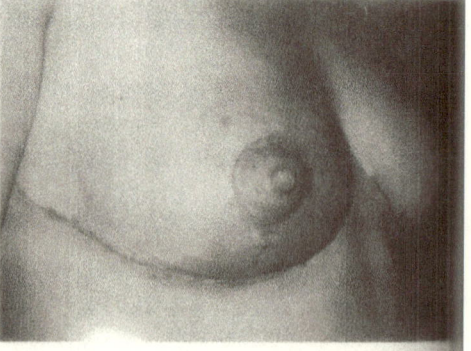

Las mastopexias dejarán una cicatriz de trazado similar al de la reducción de mama

Estética y Cirugía Estética

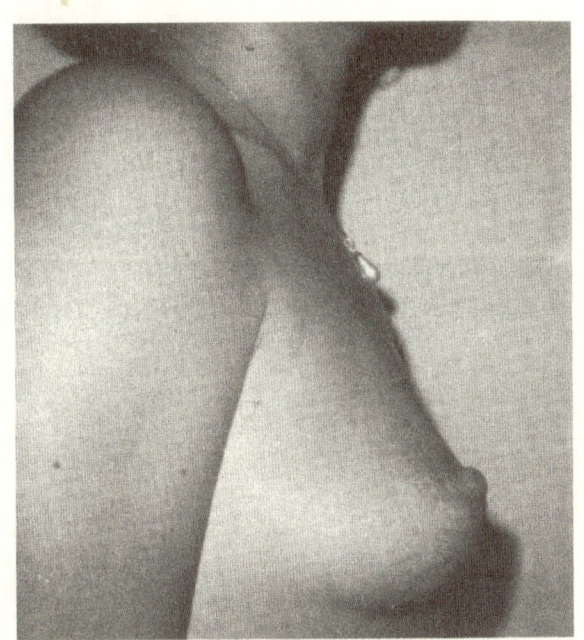

La falta de glándula mamaria puede acompañarse con una ligera ptosis

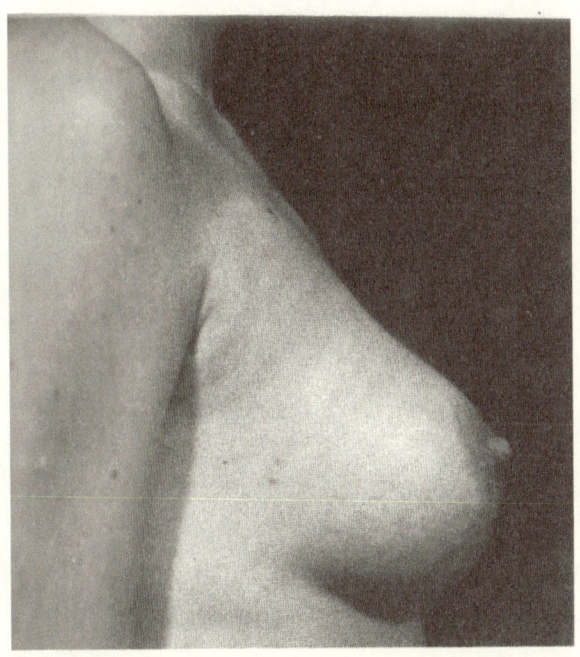

La maxtopexia con prótesis solucionará a la vez los dos problemas sin marca aparente

Dr. Mira y Anne Sorel

Las marcas serán también muy parecidas a las de las mamaplastias reductivas, ya que la geometría dermatológica es en todo punto similar, aunque siempre suele ser más moderada.

Los resultados, especialmente en las mastopexias aumentativas, son excelentes.

Abdominoplastia

(reducción de abdomen)

En 1899, en los Estados Unidos, el Dr. H.A. Kelly publicaba la amplia resección de un gran abdomen péndulo utilizando el término "Abdominal Lipectomy", lipectomía abdominal. Este nombre está hoy en desuso, ya que significa solamente "extirpación de grasa de abdomen". Porque hoy, para reducirlo, hacemos mucho más que eso: abdominoplastia, porque verdaderamente es una plastia de abdomen.

A lo largo de los años han ido surgiendo gran variedad de técnicas: verticales, horizontales, superiores, inferiores, centrales, etc. Vamos a describir una de las aplicables en la mayoría de los casos.

Debemos saber que la pared del abdomen está compuesta fundamentalmente por piel, grasa y músculo. El que esta pared se encuentra aumentada puede deberse a una relajación de la piel, un aumento de su grasa, una dilatación de la musculatura o alguna de estas causas combinada. Todo ello lleva a la indicación de esta intervención.

La operación se hace bajo anestesia general. Tendremos en cuenta que la "zona visible" que se quita es la que está situada entre el ombligo y el pubis (parte inferior del vientre). Todo lo que se encuentre en esa zona quedará por tanto eliminado: cicatrices, estrías, grasa, descolgamiento, etc.

En la intervención, revisamos toda la pared abdominal para así reparar al mismo tiempo cualquier defecto que pudiéramos ver en ella. Es muy frecuente encontrar una "diástasis de rectos": los músculos rectos del abdomen, que deben ir paralelos desde el esternón hasta el pubis; se encuentran en muchos casos (sobre todo si ha habido embarazos) separados a manera de "entre paréntesis". Es muy importante corregir este problema en la intervención, uniéndolos de nuevo a modo de "faja interior", porque así conseguiremos un vientre más plano durante más tiempo, que si actuamos solamente sobre la piel.

El ombligo se respeta. Queda como una isla, adherida al plano profundo, mientras desplazamos la piel abdominal hacia abajo para formar el nuevo abdomen una vez suturada la piel. En la región central del abdomen se hará un pequeño ojal para extraer el ombligo, más pequeño y proporcionado.

La marca de la incisión será muy baja similar a la de las cesáreas inferiores (un poco más larga). Esta en el primer periodo de su evolución podrá ocultarse fácilmente bajo un pequeño bañador. Con el paso del tiempo irá blanqueando hasta hacerse prácticamente imperceptible.

El ingreso en clínica suele ser de un par de días, manteniendo un drenaje en ese tiempo que será retirados sin molestias antes del alta hospitalaria. Durante su ingreso mantendrá la cama en posición semisentada y realizará cortos paseos por la habitación con el fin de estimular su circulación sanguínea. No hay

Estética y Cirugía Estética

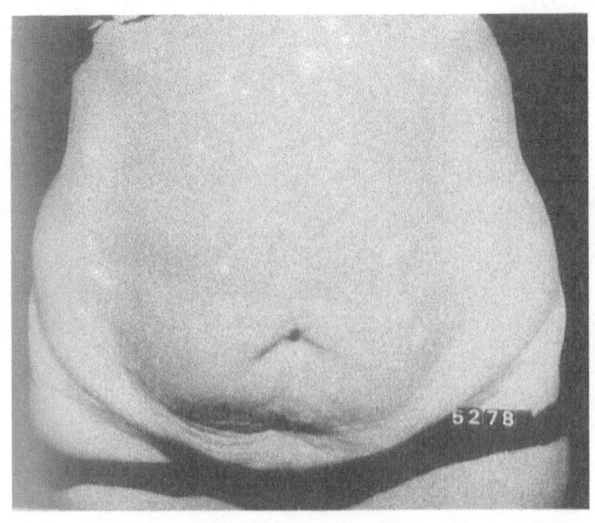

Las maternidades y las pérdidas importantes de peso pueden provocar el descolgamiento total o parcial del abdomen.

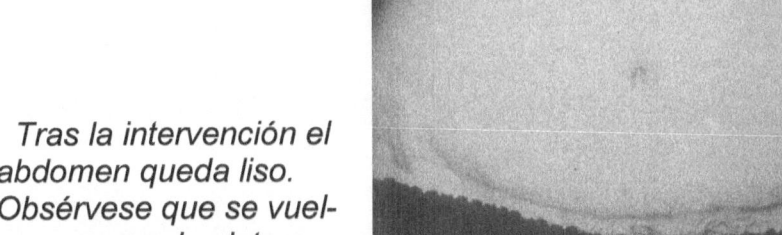

Tras la intervención el abdomen queda liso. Obsérvese que se vuelve a marcar la cintura

grandes molestias, pero es aburrido estar en una clínica sin tener una enfermedad y por ello en estos casos,
las aconsejamos que "acumulen" cuanta más distrac-
ción puedan (lectura, labores, música, televisión,
etc.).

Llevará una faja adecuada, que deberá mantener
durante un mes.

Una vez dada el alta hospitalaria, recomendamos
el ejercicio moderado, en ningún caso nulo ni excesivo. Son aconsejables los paseos cortos.

Los controles postoperatorios preferimos realizar-
los personalmente y por ello solemos mi equipo y yo
desplazarnos hasta el domicilio de las pacientes hasta
que ellas reúnan las condiciones que consideramos
necesarias para que puedan trasladarse hasta nuestra
consulta.

Los puntos, normalmente clips minúsculos, solemos retirarlos en dos semanas; dejando desde entonces que la paciente reanude progresivamente su actividad normal.

Los resultados son satisfactorios y la cicatriz inferior va disimulándose progresivamente.

No es aconsejable exposición al sol o a los rayos
U.V.A. al menos durante un par de meses.

Lipoplastias

(modelado corporal)

El tratamiento de ese eterno problema femenino llamado con más o menos acierto "Celulitis", ha tenido en la Cirugía Estética dos fases bien diferenciadas:

1—Las primeras operaciones, llamadas "técnicas abiertas", consistían en abordar directamente la zona, extirpando en bloque la piel y el tejido graso, y volviendo a unir a continuación con una sutura. Eran procedimientos generalmente de envergadura y que no han llevado en general a soluciones satisfactorias, tanto por la cicatriz que irremediablemente quedaba, visible y grande, como por los resultados negativos a larga distancia.

2—Las "técnicas cerradas", en las cuales se actúa directamente sobre la grasa, extrayéndola por un pequeño orificio, sin "abrir" la piel, es decir sin dejar prácticamente ninguna cicatriz.

Podemos decir que las técnicas abiertas, hoy han sido desplazadas totalmente por las técnicas cerradas, por lo que vamos a describir estas últimas.

Los doctores Arpad y Fischer, se atribuyen ser los primeros en desarrollar, en Roma, una intervención que consistía en la introducción de una cánula delgada por debajo de la piel, hasta la zona de grasa, y una vez colocada allí, aspirar el tejido adiposo. El proceso era ingenioso, pero llevó al fracaso por que solían quedar grandes cavidades que provocaban en el futuro importantes descolgamientos.

Es realmente el Dr. J. Y. Illouz, quien en 1976; quien crea una nueva técnica que representa una innovación realmente dentro de este campo, consistente básicamente en la aspiración del tejido adiposo por medio de una cánula conectada directamente a un potente aspirador.

En esta historia de la aspiración de grasa le seguiría de cerca un colaborador suyo, el Dr. Fournier, quien basándose en este procedimiento, desarrollaría una técnica manual, sustituyendo la aspiración mecánica por jeringuillas y que llamó Lipoescultura.

En buenas manos, los dos procedimientos más sus variaciones (con vibración, ultrasonidos, laser, etc.) pueden producir resultados excelentes y permanentes.

Lo que le da una característica especial a la liposucción es que con ella realizamos una aspiración selectiva del tejido graso y no en bloque, como era en los procedimientos abiertos. Es a modo de "queso de gruyére", de modo que se elimina grasa sin separación completa de la piel con los planos profundos, con lo que se evita su descolgamiento, respetándose además otras estructuras, como vasos sanguíneos, linfáticos, nervios, etc.

Indicaciones

Intervenimos tanto a hombres como mujeres.

Las zonas que se pueden intervenir con posibilidades de éxito, son las siguientes:

- Mentón (cuando hay acumulo graso, no descolgamiento).

- Brazos (lo mismo, sin descolagamiento).

- Cojín lumbar ("michelines" de la parte anterior y posterior del abdomen).

- Acúmulos grasos trocantéreos ("pantalón de montar").

- Zona interna de los muslos.

- Glúteos.

- Muslo anterior

- Rodilla interna.

- Pierna inferior (resultados aleatorios)

- Tobillos

- Algunos casos de ginecomastia (senos en hombres).

En un mismo acto quirúrgico, pueden ser intervenidas varias zonas.

Técnica operatoria

Esta operación se puede hacer con anestesia local si la extensión a tratar es pequeña, pero por comodidad y seguridad del paciente casi siempre utilizamos la sedación anestésica.

Previamente a la intervención se dibujan las zonas adiposas sobre la piel de la paciente. Se realizan unas pequeñas incisiones mínimas que nos permitirán una fácil introducción de la cánula a distancia de la zona a tratar.

Como a casi todos los cirujanos, nos gusta la técnica "húmeda", menos traumática que las antiguas "secas". Para ello previamente infiltramos en la zona una solución con base de un suero con vasoconstrictor y a veces anestésico local.

Iniciamos entonces la aspiración de la grasa abriendo túneles a distintos niveles del tejido adiposo. Vamos valorando la cantidad extraída y modelando todas las áreas.

Finalizada la liposucción valoramos la posibilidad de modelado con el transplante de grasa en las zonas en las que falta volumen.

Terminada la intervención cerramos las incisiones con suturas normalmente reabsorbibles, aplicamos apósitos mínimos sobre las incisiones y una faja que terminará de remodelar las zonas tratada.

Cuidados postoperatorios

Solemos intervenir a la paciente a primera hora de la mañana, con lo que saldrá de la clínica el mismo día por la tarde.

La faja compresiva, la llevará por aproximadamente un mes, para facilitar la reabsorción del edema y mantener al mismo tiempo el modelado obtenido, hasta la cicatrización completa de los "túneles" del tejido graso..

Aconsejamos realizar ejercicios moderados inmediatamente (pasear, ir en bicicleta), así como también recomendamos tratamientos complementarios de hidroterapia (son buenos los baños salinos), que pueden efectuarse a partir de la primera revisión postoperatoria; esto es, entre los tres y cinco primeros días del postoperatorio.

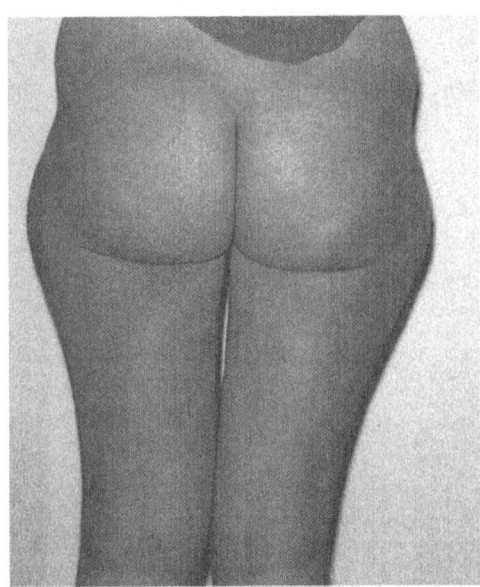

El "pantalón de montar" representa una de las principales indicaciones de esta técnica.

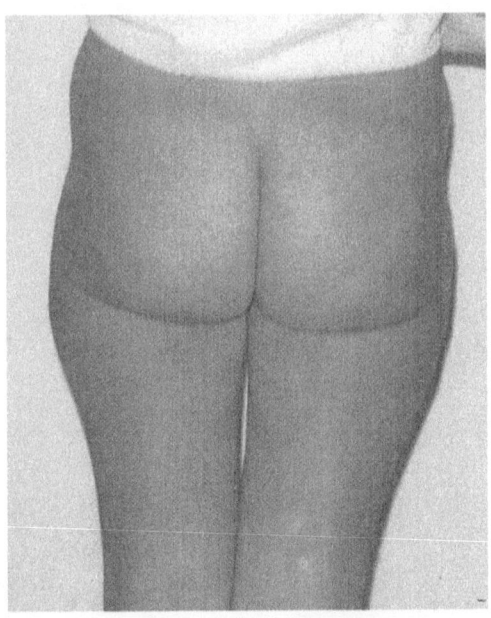

Se ha "succionado", sin dejar cicatriz aparente, la grasa localizada en esta zona.

Resultados

La operación puede conseguir resultados excelentes y duraderos si las indicaciones y la técnica quirúrgica son correctas. Lo más importante del procedimiento es que, al eliminar definitivamente el número de células grasas, nos aseguramos un resultado permanente, ya que las células grasas restantes no volverán a reproducirse.

Conclusión

La técnica de lipoaspiración, con todas sus variables, representa un progreso importante en el tratamiento de las adiposidades localizadas del cuerpo, tanto para reducir como para aumentar (lipofilling).

No es obviamente milagrosa y tanto sus indicaciones como su realización, deben ser cuidadosamente respetadas para obtener sus resultados: excelentes y duraderos.

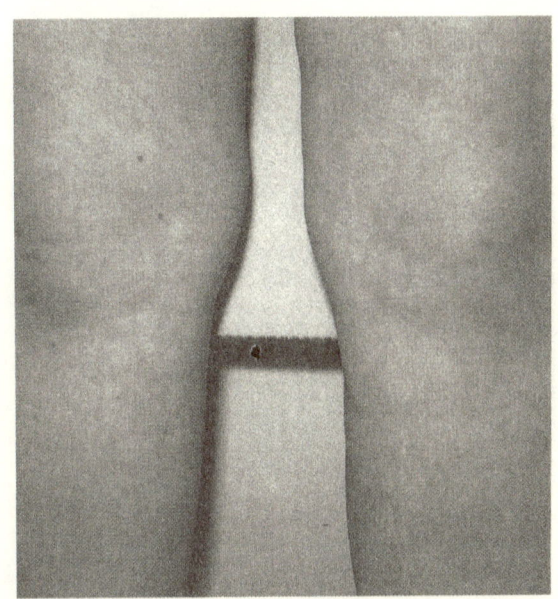

La parte interna de las rodillas puede presentar unos cúmulos adiposos antiestéticos.

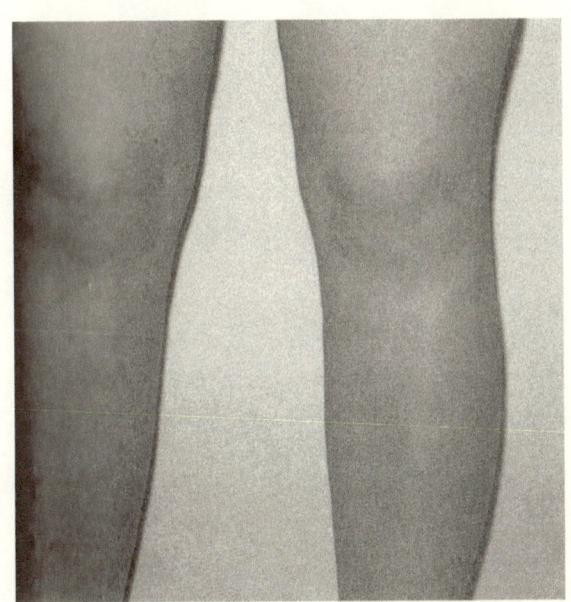

Desaparecen con la liposucción

Dr. Mira y Anne Sorel

Hiperhidrosis Axilar

(sudoración excesiva)

Los huecos axilares son unas zonas con gran cantidad de anejos cutáneos: pelo y glándulas de secreción externa.

El problema del exceso de sudoración de las axilas, como tantas cosas para las cuales está indicada la Cirugía Estética, sólo lo conocen en su verdadera intensidad los que lo padecen. Muchas veces por estímulo nervioso, otras espontáneamente; estas personas viven con aquel calvario, el problema de "manchar la ropa" en las axilas o sobaco, lo cual conlleva además de portar un olor muy desagradable.

Normalmente son pacientes que lo han probado todo, como el uso de productos farmacéuticos, desodorantes cosméticos, etc.; sin lograr un resultado positivo. Hombres y mujeres en los que precisamente el problema se acentúa en situaciones de nerviosismo, de stress o de relación social.

La intervención que en gran parte corrige este problema, no es extraordinariamente compleja. Suele hacerse con anestesia local y consiste en extirpar las glándulas responsables de esta secreción a través de unas incisiones de diseño muy preciso en el hueco axilar.

El resultado es inmediato, desciende bruscamente la capacidad de sudoración y el paciente lo nota en el apósito que se aplica durante unos días, y que permanece seco.

También el paciente observa otra cosa: se reduce considerablemente el crecimiento del vello y la sensibilidad en esa zona.

Durante el período normal de cicatrización, los primeros meses, puede haber alguna molestia que cede espontáneamente con el transcurso del tiempo.

Al cabo de unos 3 meses se llegará a una estabilidad: la sequedad no será tan absoluta y el crecimiento del pelo y la recuperación sensorial se normalizarán.

Hoy la infiltración local de toxina botulínica puede sustituir esta intervención, lográndose de este modo, con un leve tratamiento en consulta, resultados excelentes durante unos cuantos meses. El tratamiento puede repetirse cuando los síntomas lo requieran.

III.
Cirugía Estética
de
REJUVENECIMIENTO

Lifting

(rejuvenecimiento del rostro)

El nombre más correcto para la intervención básica del envejecimiento facial es Ritidoplastia, es decir, tratamiento plástico de las arrugas. Sin embargo la denominación de "lifting" (del inglés lift = ascender) se ha hecho tan popular que vamos a utilizarla.

Todo empezó al principio del presente siglo. Muchos cirujanos europeos y algunos americanos iniciaban la aventura del estiramiento facial, al principio abordando tímidamente y ya en los años 20, con decisión. Y en secreto, pues hasta 1931 no se publica un lifting moderado en el libro titulado "Chirurgie Esthetique du Visage".

Desde entonces se practica la intervención en todo el mundo con el mismo principio: elevar la piel de la cara, desde la zona más alejada y fácilmente disimulable (el cuero cabelludo y el surco que está delante de la oreja), retirar el exceso de piel y unir de nuevo.

En 1974, un amable cirujano plástico sueco con

quien tuve el privilegio de compartir ideas, el profesor Tord Skoog; llega más lejos e inicia la "*era moderna*" de la cirugía del envejecimiento facial con el abordaje *submuscular*.

Pero es en 1976 cuando los doctores Mitz y Peyronie, describen una delicada estructura que cubre la cara debajo de su piel: el **SMAS** (*Sistema Músculo Aponeurótico Superficial*). Fue un descubrimiento importante, ya que esta lámina actúa como tensor de los músculos faciales, desde el frontal (en la parte superior), hasta el platisma (en el cuello), pasando por los orbiculares (alrededor de los ojos).

Siendo así que el SMAS funciona como un "amplificador" de las contracturas de los músculos faciales, parecía claro que interviniendo sobre él se controlarían la relajación de los mismos, es decir, las arrugas.

Esto es cierto y por ello la moderna cirugía estética facial se desarrolla sobre las bases del tratamiento quirúrgico del SMAS.

Yo tuve la ocasión de estar hace muchos años, más de 30, en los Estados Unidos con un pionero en este tipo de intervenciones quirúrgicas; el doctor Thomas Rees, quién me pudo mostrar lo extraordinario de esa lámina muscular. Y prevenirme de sus riesgos, pues el SMAS se encuentra estrechamente unido a importantes estructuras nerviosas que hay que conocer a la perfección para poder trabajar sobre él.

Desde su descripción han surgido muchas técnicas sobre el manejo del mismo. Todas ellas diversas e importantes para conseguir un mejor, más natural y más duradero resultado.

La técnica generalmente conocida se realiza por medio de una incisión oculta en la parte superior, dentro del cuero cabelludo), a uno o dos centímetros por dentro de la línea de implantación de los cabellos, siguiendo por delante de la oreja, rodeando ésta y finalmente volviendo a entrar en el cuero cabelludo por detrás de la misma. A veces es necesario complementar con un mínimo abordaje debajo del mentón para poder así tensar mejor el descolgamiento del cuello.

El despegamiento de la piel de la cara tiene una extensión variable. Yo he visto a indiscutibles cirujanos, como el Dr. Ivo Pitanguy, conseguir excelentes resultados con una elevación mínima. ¡Privilegio de los maestros!

Terminado el despegamiento de la piel de la cara se practica la cirugía del SMAS y platisma. Esta consiste esencialmente en trabajar en los planos profundos, sobre esta estructura muscular. Se pueden realizar un gran número de técnicas, todas ellas tendendentes a tensar el SMAS y dar una forma muy armónica al rostro.

Luego de tensado el SMAS se continúa con el segundo estiramiento y ajuste, el de la piel. Se adapta sobre la cara y se eleva con una tensión precisa para lograr el mejor resultado. Eliminado el exceso de la misma, se recorta el sobrante fijándola cuidadosamente por medio de discretas suturas.

Esta intervención la realizamos normalmente con anestesia general. En Estados Unidos se ha hecho durante muchos años con anestesia local, puesto que la actitud americana con respecto a la cirugía estética es muy distinta a la nuestra y esto facilita las cosas.

Después de la intervención, la paciente se despertará con una banda elástica alrededor de la cara, quitaremos al día siguiente. El rostro puede hincharse en mayor o menor grado. Si se han dejado drenajes, éstos serán retirados pasadas las primeras 24 horas..

Los puntos suelen sobre el séptimo día después de la intervención y los resultados se ven a las pocas semanas, cuando va desapareciendo el edema postoperatorio.

Los logros son siempre positivos. En mayor o menor grado, según las características personales de cada paciente.

La duración del resultado varía según las personas. Hay quien superan los 15 años sin problemas y hay quien a los 5 años, pueden ya necesitar una segunda intervención.

Los cuidados personales posteriores serán de mucha importancia. Hay que solicitar consejo sobre los mismos al cirujano.

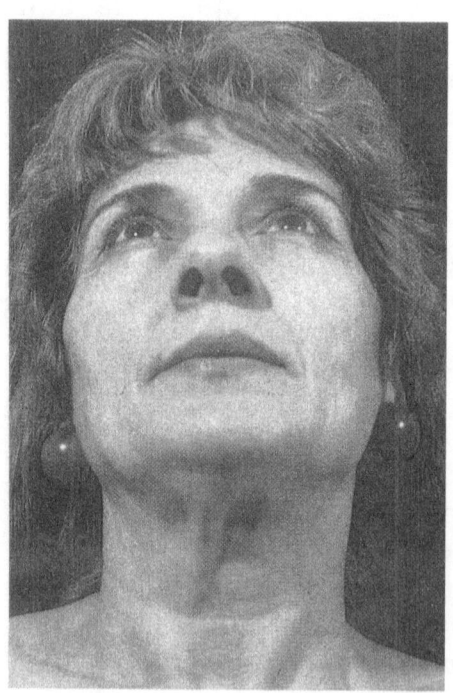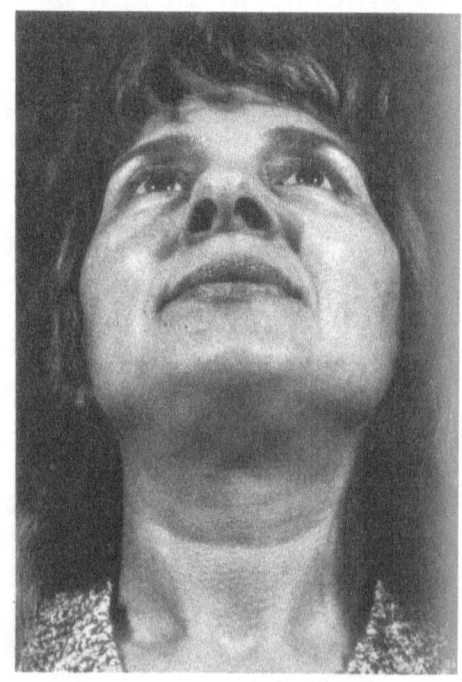

El lifting da unos resultados espectaculares en la recuperación de la tersura del cuello

Estética y Cirugía Estética

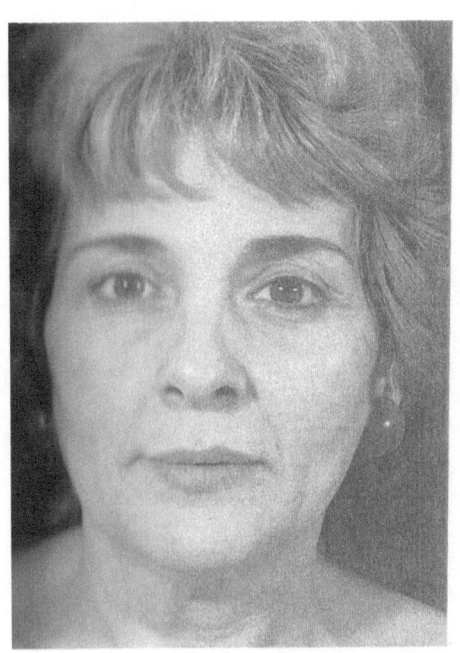 

El envejecimiento facial se manifiesta por una ptosis de los músculos, un ajamiento de la piel y una pronunciación de las arrugas. Al eliminar la piel sobrante, el lifting facial soluciona estos problemas.

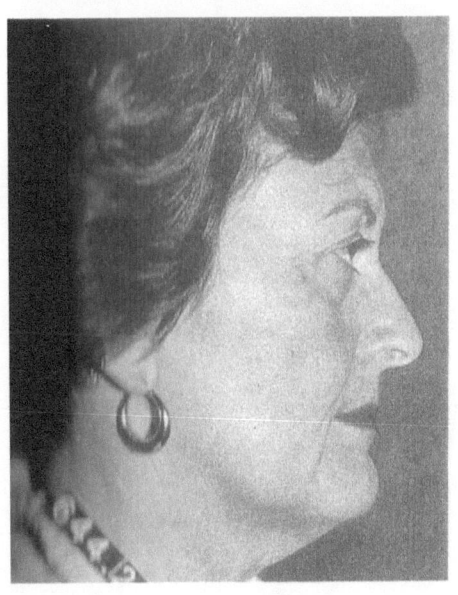 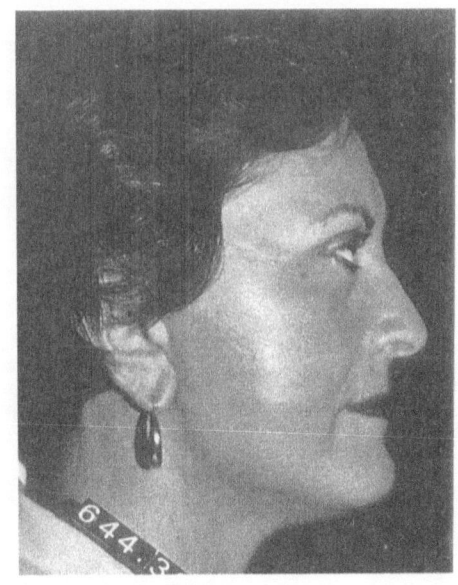

Dr. Mira y Anne Sorel

Blefaroplastia

(párpados)

La Blefaroplastia es una intervención espectacular en el tratamiento del envejecimiento facial. Los ojos son tal vez lo primero que miramos en nuestros interlocutores y a través de ellos, nos dejamos con mucho impresionar, por la persona que tenemos ante nosotros.

Los principios de la cirugía palpebral están en Arabia desde el siglo X de nuestra era. Primero Avicena y después Ibn Roshd, notaron que en algunos casos las bolsas de los párpados superiores dificultaban la visión, entonces diseñaron métodos para extirparlas.

En Europa, la blefaroplastia aparecería por primera vez en un texto publicado en Viena por Beer. Las técnicas van evolucionando día a día para conseguir lo mejor a través de esta interesante intervención.

Debemos distinguir dos causas fundamentales que indican la intervención de blefaroplastia: el exceso de piel y/o el exceso de grasa. Esto considerado en los cuatro párpados: los dos superiores y los dos inferiores.

Dr. Mira y Anne Sorel

La operación se puede realizar bajo anestesia local, aunque por su duración (más de una hora), recomendamos la anestesia general. En muchos casos se hace como complemento y al mismo tiempo que un lifting facial.

En el párpado superior suele ser frecuente el exceso de piel, asociado o no a acúmulos de grasa. Normalmente quitamos bastante piel, más en el lado externo que en el interno. Con ello conseguimos una "orientalización" del ojo y así un efecto rejuvenecedor muy positivo. La sutura es muy discreta y coincidiendo con el pliegue natural del párpado.

En el párpado inferior, por el contrario, es más común el exceso de grasa. Las "bolsas", al ser en muchos casos hereditarias, pueden aparecer desde edades muy jóvenes. La incisión aquí, se realiza justo inmediatamente por debajo de las pestañas, sin cortar éstas, y bajando ligeramente por el lateral externo. En algunos casos incluso por dentro del párpado. Desde allí abordamos la zona y extraemos cuidadosamente todos los acúmulos de grasa causantes del defecto. Si se realiza exéresis de piel en el párpado inferior, siempre será muy escasa ya que tolera menos su extracción. La sutura es igualmente discreta con materiales extraordinariamente finos.

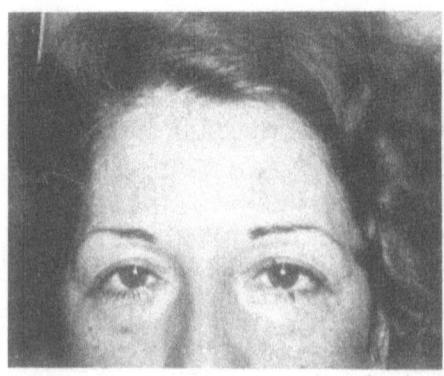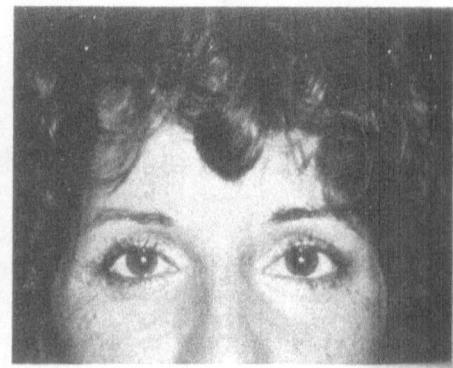

El exceso de piel y de grasa en los párpados forma unas bolsas antiestéticas y dan a la mirada un aspecto apagado y triste.

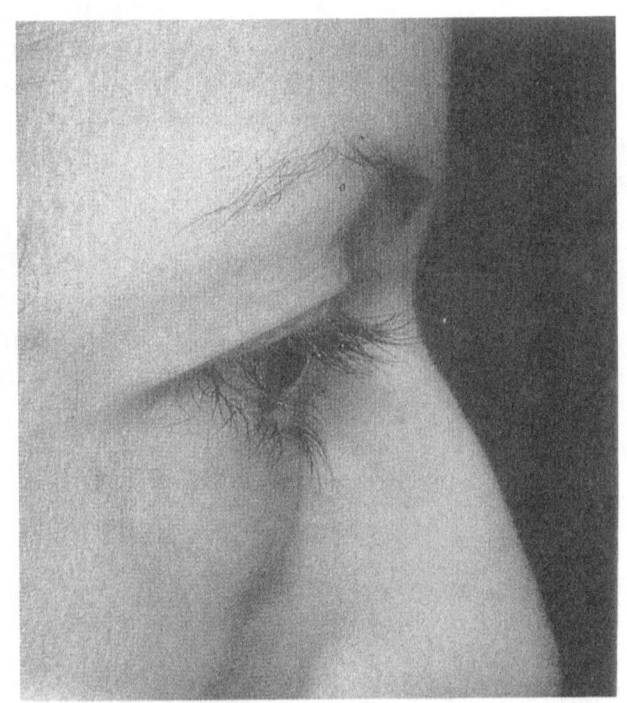

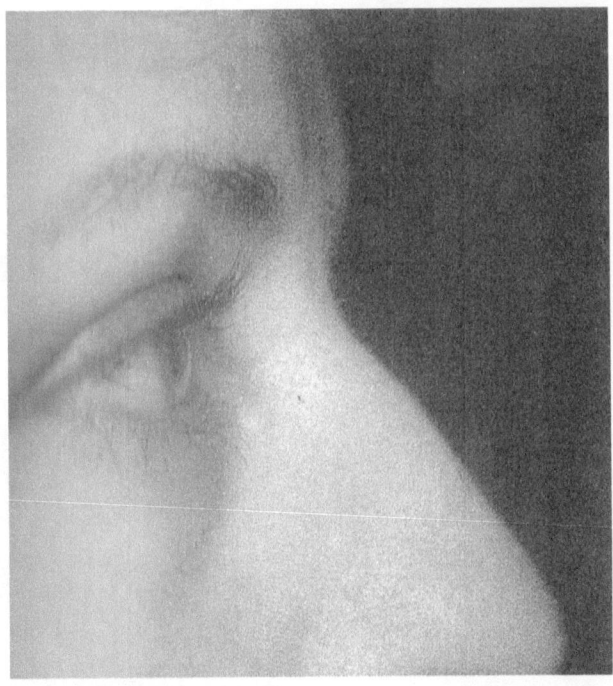

La corrección de este problema da al rostro una expresión inmediata de rejuvenecimiento

En el postoperatorio inmediato aparecen unos hematomas algo aparatosos. Se pueden disimular con unas gafas de sol. Tardarán algunos días en desaparecer, más que el tiempo de retirar los puntos, que es a partir del cuarto día desde la intervención.

Los resultados definitivos, tardarán unas cuantas semanas en conseguirse plenamente. Como me dijo una vez un gran cirujano de origen hispano y afincado en California, el Dr. Castanares, "lo que mejor va para ese tiempo son dos cosas: paciencia y compresitas de manzanilla a temperatura ambiente". Y tenía mucha razón.

Pasado este período, el aspecto es normalmente muy satisfactorios.

Peelings

(rejuvenecimiento superficial)

Aunque los Peeling Químicos eran técnicas antiguas en la Dermatología, la Cirugía Estética los acepta tras la publicación en la Revista Británica de Cirugía Plástica por el Dr. Brown y sus colaboradores, del artículo "Cambios histológicos en la piel inducidos por el fenol: peligros, técnica y utilidad". A partir de entonces se ha popularizado la técnica y se ha refinado a lo largo de los años hasta nuestros días.

El Peeling o Abrasión Química, como lo llaman los norteamericanos, es un procedimiento que trata las pequeñas arrugas, los pequeños defectos de pigmentación. Es un complemento del Lifting, aunque puede practicarse aisladamente, lo realizamos bajo anestesia local si se tratan zonas limitadas (labios, párpados, etc.). Pero para toda la cara, es conveniente una anestesia general.

Después de desengrasar perfectamente la piel, se aplica la fórmula, preparada personalmente por nosotros momentos antes de la operación. En ella interviene como base el ácido fénico (fenol), junto con otros productos destinados a controlar su acción.

Casi instantáneamente después de su aplicación vemos como la piel se blanquea y al poco tiempo hay un enrojecimiento.

La sensación que expresa el paciente, si no está dormido, es de un ligero ardor que va cediendo en pocos minutos.

En el caso de tratarse toda la cara, la aplicación del producto llega hasta la línea del arranque de los cabellos y desde delante de la oreja, a lo largo del mentón. El cuello nunca se trata por abrasión química, ya que su piel tiene unas características diferentes a las de la cara y su respuesta no es satisfactoria.

El apósito postoperatorio, a base de esparadrapo, fue modificado por nosotros hace algunos años. Fue encomendada a nuestro equipo, la investigación de una nueva lámina transparente semipermeable sintética desarrollada en Gran Bretaña. A partir de entonces nos pudimos dar cuenta que suplía con ventaja a las vendas elásticas de papel, pues con una aplicación a modo de "segunda piel" se evitaban en mucho las molestias postoperatorias del paciente (aquello de desprender el apósito, con aplicación de timol, vaselina, etc.).

De este modo, al cabo de unas dos semanas la lámina transparente, ya prácticamente se ha desprendido sola, empujada por la piel nueva, y dejando ver el nuevo cutis liso y sonrosado.

Durante dos meses, la paciente deberá tener algún cuidado sobre todo de no exponerse al sol, ya que la acción de los rayos solares ultravioletas, puede producir al principio una pigmentación irregular.

Generalmente los resultados son muy satisfactorios, sobre todo en aquellas pieles secas y de tonalidad clara.

Hemos descrito aquí el peeling clásico al fenol (fórmula

de Baker). Hoy los productos que utilizamos son muy variados, consiguiéndose excelentes resultados con una seguridad absoluta para el paciente.

Infiltraciones Faciales (arrugas)

Las infiltraciones faciales destinadas a atenuar, o en su caso, a eliminar las arrugas y depresiones faciales tienen muy buenos resultados sobre surcos finos y de expresión.

El descubrimiento y experimentación de nuevas sustancias temporales, mejoran los productos anteriormente conocidos con los resultados controlables y ausencia de efectos secundarios.

La Técnica

Las infiltraciones de relleno son unas inyecciones intradérmicas a lo largo del surco de la arruga.

Según la sensibilidad del paciente, se realizan sin anestesia, con crioanestesia (frío) o con anestesia local, ya que el dolor es mínimo.

Cada sesión de infiltraciones entre media y una hora y permite tratar varias arrugas.

El resultado es inmediato y finalizada la sesión sólo se aprecia un pequeño edema y a veces un ligero enrojecimiento en las zonas infiltradas.

El enrojecimiento desaparece al poco tiempo y el discreto edema cede paulatinamente en unas veinticuatro horas.

Esta técnica no deja ninguna cicatriz, y con ella se pueden tratar las principales arrugas faciales: surcos nasolabiales, las arrugas del entrecejo, del labio superior, de la frente, de la cara y algunos casos de "patas de gallo" (puede tal vez funcionar mejor aquí un peeling).

También se pueden tratar los pliegues, surcos o depresiones faciales de origen congénito o accidental.

El modo operativo es distinto, según la localización de las arrugas o surcos y su origen.

El número de sesiones

Para conseguir el resultado óptimo, son necesarias de una a tres sesiones, que se realizan con unas tres semanas de intervalo entre de ellas. Si la paciente es joven o las arrugas son poco profundas, bastará con una sola sesión; mientras que en las personas de más edad o las arrugas son muy marcadas y con poca respuesta tisular, el número de sesiones puede llegar hasta tres. Durante el examen previo a la intervención, el médico puede pronosticar aproximadamente el número de sesiones de infiltración que serán necesarias.

Es evidente que cuanto más joven sea el paciente, más espectacular y duradero será el resultado.

Por lo general, entre los treinta y cinco y los cuarenta años, los pliegues de expresión empiezan a transformarse en arrugas debido a la pérdida de elasticidad del tejido conjuntivo, es entonces el momento de frenar este proceso recurriendo a las infiltraciones.

Algunas personas más jóvenes tienen surcos faciales muy pronunciados, ya sea por una mímica particular, por herencia, por abuso del sol, tabaco, etc.

En personas de más edad, las infiltraciones consiguen una mejora considerable y un aspecto de rejuvenecimiento facial inmediato. Por lo tanto, esta técnica puede ser aplicada ya sea a mujeres como a hombres de cualquier edad que estén preocupados por su aspecto físico avejentado que las arrugas dan a su rostro.

Infiltraciones y Cirugía

El valor de esta técnica tiene un balance totalmente positivo entre coste, tiempo y los resultados conseguidos. No sustituye en ningún caso a la cirugía de las arrugas, pero algunas veces puede ser un procedimiento complementario. Es decir, que se pueden realizar infiltraciones faciales antes y después del lifting.

Cuando por cualquier motivo, se quiere evitar la cirugía, esta técnica ejerce una acción paliativa muy satisfactoria.

El resultado

Al finalizar la primera sesión de infiltración, el resultado se aprecia inmediatamente. Las sesiones siguientes, si son necesarias, perfeccionarán y mejorarán este resultado. Esto quiere decir que la arruga habrá desaparecido totalmente o por lo menos en un porcentaje importante.

En todo caso es el médico quien podrá informar sobre resultados y la duración, que será de variable años según nuestra el producto utilizado y la capacidad metabólica del paciente.

Para las arrugas de expresión hoy utilizamos con éxito la toxina botulínica.

Pre

Post

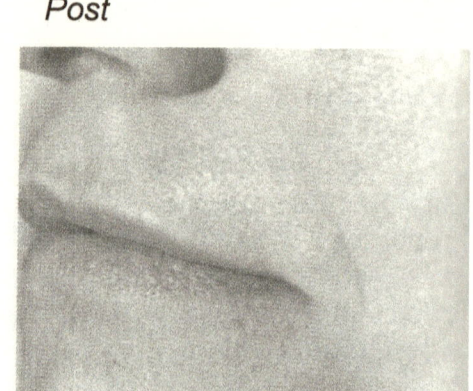

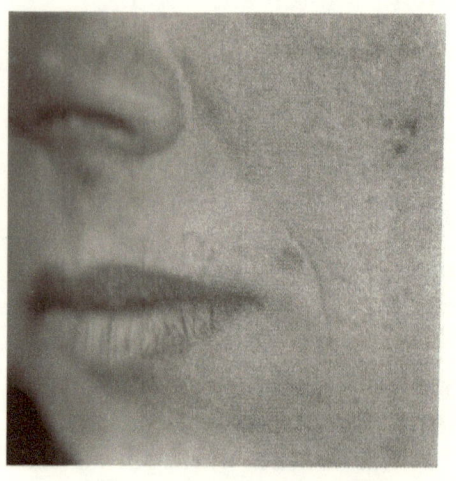

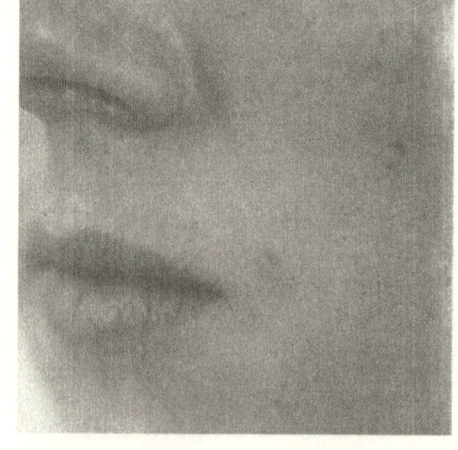

Los surco naso-labiales en-vejecen el rostro cuando son pronunciados.

Las infiltraciones eliminan estas arrugas.

Estética y Cirugía Estética

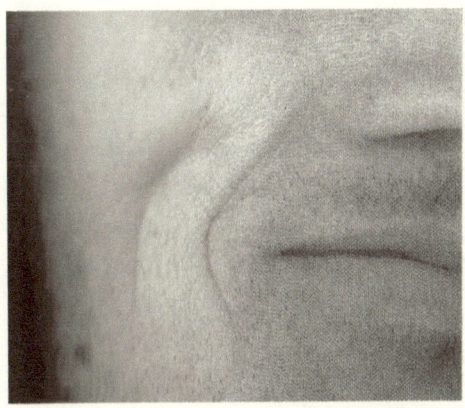 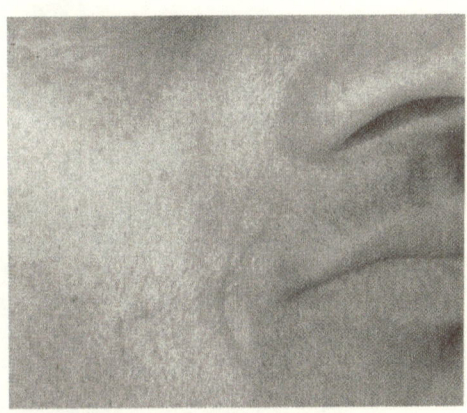

Las infiltraciones también consiguen excelentes resultados en casos de depresiones congénitas o traumáticas

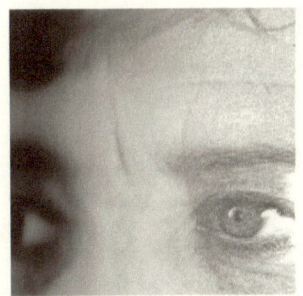 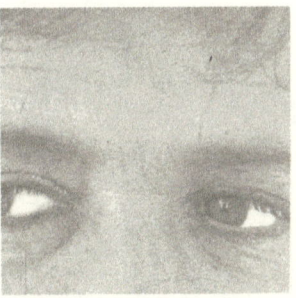

En el enrecejo aparecen con frecuencia dos grandes surcos verticales. Hoy desaparecen con la infiltración de toxina botulínica..

Transplantes de Cabellos

Sin lugar a dudas, la preocupación del hombre por el cabello, es en general grande y por tanto aquello de pensar que solución encontrar cuando éste se cae o comienza a caer, también es grande.

Aunque no el primero, el Dr. Orentreich tal vez fue el más Importante pionero en el transplante de cabellos. En 1959 publica un interesante trabajo en los Anales de la Academia de Ciencias de Nueva York sobre lo que vendría a popularizarse con el nombre de «punch».

Antes de entrar en las explicaciones sobre esta intervención, es importante tener claro que para que sea posible el transplante de cabellos de un individuo a sí mismo, el único método de transplante justificable en Cirugía Estética, es tener por parte de quién desea realizarse esta operación, una zona "donante" adecuada que ofrezca una garantía como para poder tomarlos como para proceder a transplantarlos. Esto lo valorará el cirujano.

Básicamente existen dos métodos de transplante: los injertos libres y los colgajos pediculados. Siempre autoinjertos, es decir, el mismo individuo dona y recibe sus cabellos.

INJERTOS LIBRES ("Punch")

La intervención puede ser realizada con anestesia local o general. Se diseñan las líneas en donde van a ser depositados los injertos de cabellos. El procedimiento consiste en tomar unos pequeños cilindros de piel de cuero cabelluda de la zona donante (normalmente en la parte inferior, posterior y lateral de la cabeza), por medio de un aparato especialmente diseñado para ello. Estos son trasladados hacia la zona receptora donde son introducidos en unos orificios o lechos preparados con anterioridad. Dichos orificios receptores tienen un diámetro de unos 4 mm., siendo los cilindros de la zona donante de 4,5 mm., con lo cual se logra una perfecta adaptación.

Para comprender mejor este procedimiento, podemos decir que es como sacar parte de una planta que está en una maceta y transplantarla den otro lugar de esa misma maceta.

Evidentemente, y al igual que una planta necesita de agua y tierra para poder prender; estos injertos de cabellos transplantados necesitan de la piel a su alrededor, para nutrirse adecuadamente y así poder vivir fuera de su lugar de origen. Por este motivo, para cubrir totalmente una zona sin cabellos, serán necesarias varias sesiones, en razón de que siempre hay que dejar tejido alrededor de cada punch.

Esto hace que al principio, cuando comienzan a crecer los ca-bellos, se asemejen a "pelo de muñeca", en razón de que hay espacios los cuales deberán de rellenarse con injer-tos tal vez de menor diámetro. En razón de esto, deben de llevarse a efecto como mínimo 4 intervenciones, con un lapso de más o menos 2 meses entre cada una de ellas; es decir lo necesario para obtener buenos resultados.

Hoy se ha perfeccionado el procedimiento con punches mucho más pequeños, incluso de un solo pelo, con lo que rápidamente se logra un resultado muy natural

El postoperatorio es algo molesto. Normalmente se deja un

vendaje alrededor de la cabeza. Al retirar éste, se puede comprobar que ya han prendido los injertos y que la zona donante cicatriza bien (generalmente no es necesario dar puntos).

En la zona receptora los cabellos caerán al principio y empezarán a salir de nuevo al cabo de unas semanas. La zona donante se disimula con los cabellos vecinos, por cuanto al realizar la extracción, se deja entre punch y punch, zonas con pelo.

Es un procedimiento que, cuando está indicado y se hace con habilidad y paciencia, satisface totalmente a los paciente

COLGAJOS

Si los punch miden sólo 4.5 mm., es porque el injerto de mayor tamaño no tiene posibilidad de supervivencia: muere antes de que la nutrición le llegue totalmente.

En 1975, el Dr. José Juri, argentino, publicaba en una revista profesional americana muy prestigiosa, el uso de colgajos parieto-occipitales para el tratamiento de la calvicie. Es una técnica alternativa que tiene por objeto aportar más y mejor cabello desde los lugares donde hay suficiente, hasta la zona donde falta.

El principio es el siguiente: se levanta lo que se llama un colgajo de piel cabelluda, que es una zona larga que se asemeja a una lengua, cuyo pedículo o base está situado a la altura de la sien y por encima de la patilla. Esta colgajo o zona de piel con cabellos, tiene una característica muy importante y es que está nutrido por una arteria, la cual le permite vivir a ese colgajo, a través de su pedículo recibiendo sangre mientras prende. El colgajo es transportado hacia delante, girándolo hasta la frente, dónde previamente se le ha preparado un lecho que después, como la zona donante, será cerrado con suturas.

La técnica no es fácil, por cuanto requiere un conocimiento profundo de los procedimientos de la Cirugía Plásti-

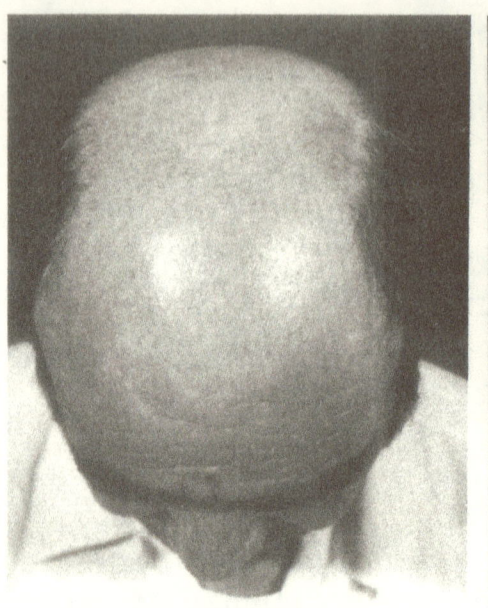 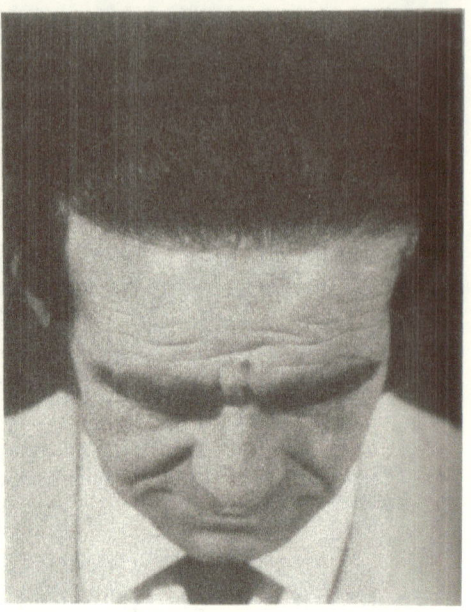

La calvicie es uno de los principales problemas de la estética masculina. Se ha utilizado con buenos resultados la técnica del injerto libre.

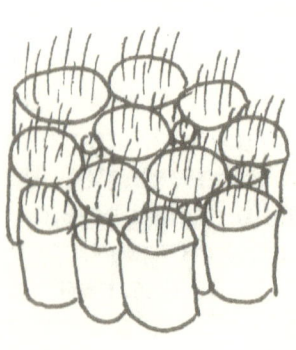

Injerto libre

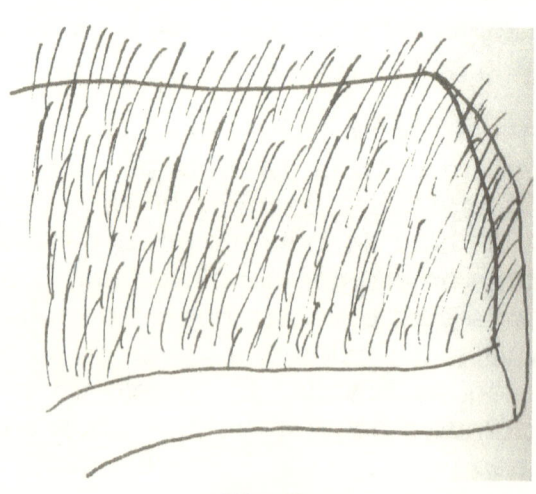

Plastia

Estética y Cirugía Estética

Técnica de Juri. Injerto pediculado de varias «tiras» de cabello del propio paciente.

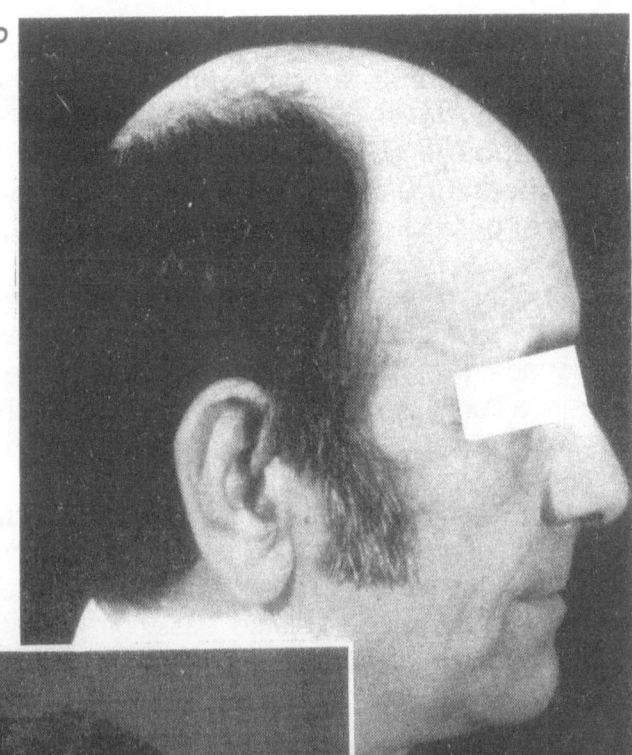

Preoperatorio

Postoperatorio

Dr. Mira y Anne Sorel

103

ca. Su principio, como ya hemos explicado, es que el colgajo se nutra permanentemente por su base a través de una arteria, mientras le va llegando alimentación complementaria de nuevos aportes sanguíneos por sus lados. A la tercera semana, el pedículo del colgajo puede ser ya seccionado, por cuanto el mismo puede ya seguir viviendo por sí mismo.

Cuando prende totalmente, cosa no siempre puede suceder, el resultado es espectacular y aunque el ancho del colgajo o cinta transposicionada, pueda ser de unos pocos centímetros; el nuevo aspecto fde la línea frontal de la cabeza es espectacular. Ahí crecerá el cabello tan denso como en el lugar de origen y durará tanto como allí.

La zona donante, se cierra aproximando sus bordes. En ocasiones este cierre puede es dificultoso, por lo que pueden quedar algunas zonas cerradas pero sin cabellos. Este es un inconveniente solucionable, por cuanto puede tratarse posteriormente, colocando injertos en punch, que siguen siendo válidos como relleno de estas pequeñas áreas.

En la zona pedicular del colgajo, donde éste gira; puede quedar un pliegue que será fácilmente extirpable pasadas unas 3 semanas.

IMPLANTES ARTIFICIALES

Desde hace un tiempo se vienen publicando resultados sobre el implante de pelo artificial. Si bien puede resultar una técnica con futuro, hoy todavía se debe ser un poco escéptico al respecto hasta que las publicaciones médicas ofrezcan resultados a larga distancia.

(Nota: hoy es un procedimiento que, por sus fracasos, ha sido desechado)

I.
Fichas
TECNICAS

Rinoplastia
(nariz)

Indicaciones: Nariz inestética (grande o no).
Desviación de tabique.
Perfil "de pájaro".

Edad: Terminado el crecimiento.

Clasificación: Rinoplastia: nariz.
Septoplastia: tabique.
Septorrinoplastia: nariz y tabique.
Perfiloplastia: nariz y mentón.

Preoperatorio: 7 días antes:
- evite el frío intenso (nieve)
- evite el calor sofocante (Playa, sauna).

Intervención: 1-2 horas.

Anestesia: General.

Incisiones: En el interior de la nariz. Excepcionalmente externas, en la base de las alas.

Hospitalización: no precisa.

Postoperatorio
- Respiración por la boca mientras hay tapones nasales. No hay dolor. Edema en párpados y punta nasal, que desciende hacia el inferior de la cara.
- Tapones de Merocel: entre 2 y 3 días de la intervención.
- Férula Dermoplástica: 7 días.
- Puntos externos (si existen, ejemplo en base nasal): 7 días.

Cuidados: 1 mes: no baños solares.
2 meses: no deportes violentos.
3 meses: no usar gafas de manera continua.

Resultados
- Apariencia satisfactoria desde la 2ª o 3ª semana.
- Progresa la mejoría a lo largo de los primeros meses.
- Armonía de forma definitiva, tanto de frente como de perfíl.
- No quedan marcas externas visibles. Si hay puntos exteriores,

Mentoplastia
(mentón)

Indicaciones: Barbilla retraída.

Edad: Terminado el crecimiento.

Clasificación: Mentoplastia pura: sólo mentón.
Perfiloplastia: nariz y mentón.

Preoperatorio: 15 días antes:
- Evite el frío intenso (nieve).
- Evite el calor sofocante (playa, sauna).

Intervención: 30 minutos.

Anestesia: Local (Si es mentoplastia pura).

Incisiones: en la parte inferior de la barbilla.

Hospitalización: No precisa.

Postoperatorio
Edema en mentón. Ligeras molestias.
Tiras adhesivas externas: 7 días.
Puntos: reabsorbibles (no precisan retirarse).

Cuidados: 1 mes: no baños solares.
2 meses: no deportes violentos.

Resultados
- Apariencia satisfactoria desde la 2ª o 3ª semana de la intervención.
- Progresa la mejoría durante unos meses.
- Resultado excepcionalmente bueno, sobre todo cuando se combina con la rinoplastia

Malarplastia
(pómulos)

Indicaciones: Pómulos planos.

Edad: Terminado el crecimiento.

Clasificación
- Malarplastia pura: sólo pómulos.
- Malarplastia combinada: juntamente con otras intervenciones.

Preoperatorio: 15 días antes:
- evite el frío intenso (nieve)
- evite el calor sofocante (playa, sauna).

Intervención: 30 minutos.

Anestesia: Local (malarplastia pura).

Incisiones: Dentro de la piel (cuero) cabelluda.

Hospitalización: No precisa (en malarplastia pura).

Postoperatorio: Edema en Pómulos. Ligeras molestias.
Puntos (Piel cabelluda, sobre orejas): 7 días.

Cuidados:
- 1 mes: no baños solares.
- 2 meses: no deportes violentos.

Resultados
- Apariencia satisfactoria desde la 2ª o 3ª semana de la intervención.
- Progresa la mejoría durante unos meses.

Estética y Cirugía Estética

Otoplastia
(orejas)

Indicaciones: Orejas Prominentes (en "soplillo")

Edad: A partir de los 7 años.

Preoperatorio: 7 días antes:
> -Evite el frío intenso (nieve).
> - Evite el calor sofocante (playa, sauna), 1 día
> Antes.
> - Lavado de cabeza con champú neutro.

Intervención: 1 hora y media.

Anestesia: General (niños pequeños).
> Local (niños mayores y adultos).

Incisiones: Detrás de las orejas.

Hospitalización: No precisa.

Postoperatorio: Ligeras molestias.
> Apósito externo: 3 días.
> Puntos: no precisan retirarse.

Cuidados: 1 mes:
> - Lavado cuidadoso de la cabeza (hacia atrás).
> - No deportes violentos.
> - De noche: malla de protección.

Resultados
> - Orejas en Posición y de forma correctas desde el primer día.
> - Apariencia satisfactoria desde la 2ª o 3ª semana de la intervención
> - Progresa la mejoría durante los meses siguientes.

Queiloplastia
(labios)

Indicaciones: Labios delgados.

Edad: Terminado el crecimiento.

Preoperatorio: 7 días antes:
 - evite el frío intenso (nieve)
 - evite el calor sofocante (playa, sauna).

Intervención: 30 minutos.

Anestesia: Local

Incisiones: Aumento: en el borde externo labial.
 Reducción: dentro de la boca.

Hospitalización: No precisa

Postoperatorio
 - Edema en labios.
 - No hay ningún tipo de apósito.
 - Higiene diaria con agua y jabón neutro.
 - Dieta preferiblemente blanda.
 - Puntos: sii existen, se retiran entre los 7 a 15 días.

Cuidados

 1 mes: evitar movilización excesiva de los labios (gesticulación excesiva, comer bocadillos, etc.).

Resultados

 Apariencia satisfactoria desde la 2ª a 3ª semana de la intervención.

Resurfacing
(peeling)

Edad: Terminado el crecimiento.

Preoperatorio: 7 días antes:
- evite el frío intenso (nieve)
- evite el calor sofocante (playa, sauna).

Intervención: 45 minutos.

Anestesia: Local (zonas pequeñas).
General (toda la cara).

Incisiones: No hay.

Hospitalización: No precisa (anestesia local).
24 horas (anestesia general).

Postoperatorio
- Edema en cara.
- Apósito plástico sobre el rostro.
- Hay gran secreción de grasa los primeros días.
- Dieta preferiblemente blanda.
- No es doloroso ni muy molesto.
- El apósito se retira en 12-14 días.

Cuidados
1er. mes: Crema hidratante adecuada. Evitar elementos
atmosféricos agresivos: frío, sol, viento, etc.
2do. mes: No exponerse al sol sin protección.

Resultados
- Apariencia satisfactoria desde la 2ª o 3ª semana de intervención.
- Progresa la mejoría durante unos meses.
- Desaparecen los pequeños defectos. Se mejoran los grandes
- Puede requerir un segundo tratamiento para lograr una mejoría
superior.

Mamaplastia Aumentativa
(aumento de pecho)

Indicaciones: Mama pequeña, sin descolgamiento o con descolgamiento moderado.

Edad: Terminado el crecimiento.
Preoperatorio

> 7 días antes: evite el frío intenso (nieve)
> evite el calor sofocante (playa, sauna).
> 2 días antes: depilación de areóla y axilas.

Intervención: 1-2 horas.

Anestesia: Sedación.

Incisiones: En la parte inferior, dentro de la areola mamaria.

Hospitalización: no precisa

Postoperatorio
- Cierto edema. Puede haber equimosis (coloración violácea) en la parte inferior o lateral de la mama.
- Alguna molestia al mover los brazos que desaparece espontáneamente en pocos días.
- Drenajes: serán retirados a las 48 horas, sin dolor.
- No hay vendaje: sólo unas pequeñas banditas adhesivas en la areola, un pequeño apósito de gasas sobre la misma y un sujetador elástico (deportivo).
- Los puntos son reabsorbibles: no hay que quitarlos.

Cuidados
- Retiramos drenajes: pasadas 24 horas
- Puede moverse libremente en 48 horas
- Durante 1 mes: - Deberá llevar el sujetador día y noche.
  - No hacer deportes violentos.
  - No exponerse a baños solares.

Resultados
Sorprendentes de inmediato.
Forma y tamaño satisfactorios en el 2º mes.
Mantiene sensibilidad y permite lactancia en caso de embarazo.
No impide pruebas diagnósticas (exploraciones, mamografías, etc.).

Mamaplastia Reductiva
(reducción de pecho)

Indicaciones: Mama grande, con o sin descolgamiento.

Edad: Terminado el crecimiento.

Preoperatorio: <u>7 días antes</u>:
- Evite el frío intenso (nieve).
- Evite el calor sofocante (playa, sauna).

<u>2 días antes</u>:
- Depilación de areola y axilas.

Intervención: 3 a 4 horas.

Anestesia: General.

Incisiones: En la parte inferior de la mama.

Hospitalización: 24 horas.

Postoperatorio
- No hay dolor.
- Ligera molestia al mover los brazos, que desaparece espontánea-mente en pocos días.
- Cuando es necesario, se dejan unos drenajes.
- No hay vendaje: sólo unas tiritas adhesivas sobre las incisiones, un pequeño apósito de gasa y un sujetador deportivo.
- Puntos: Son reabsorbibles y no hay que quitarlos.

Cuidados
- 2º. día: Puede ducharse o bañarse, después de que se la hayan reti-rado los drenajes.
- 1ª semana: puede iniciar movimientos ligeros.
- 1er. mes: - Llevará un sujetador día y noche.
  - No realizar esfuerzos ni deportes violentos.
  - No baños solares.

Resultados
- Modelamiento completo del pecho (forma y tamaño).
- En caso de embarazo posterior podría no haber lactancia.
- No impide exploraciones clínicas (palpación, mamografías, etc.).

Mastopexia
(moldeado de pecho)

Indicaciones: Mama descolgada y sin excesivo volumen.

Edad: Terminado el crecimiento.

Preoperatorio: 7 días antes: - Evite el frío intenso (nieve)
- Evite el calor intenso (playa, sauna)
2 días antes: - Depilación de areola y axilas.

Intervención: Entre 2 a 3 horas.

Anestesia: General.

Incisiones: En la parte inferior (vertical debajo de la areola, a veces horizontal complementaria.

Hospitalización: 24 horas.

Postoperatorio:
- No hay dolor.
- Cierta molestia que desaparece espontáneamente.
- No hay vendaje: banditas sobre las incisiones, un pequeño apósito de gasa y un ligero sujetador elástico.
- Puntos: no se quitan (sutura reabsorbible).

Cuidados

A los 2 días: Puede ducharse, después de la primera curación.
En la 1ª Semana: No elevar los brazos.
Durante el 1er. mes: - Llevará un sujetador día y noche.
- No hacer esfuerzos ni deportes violentos.
- No baños solares.

Resultados
- Modelamiento del pecho (forma y tamaño).
- En caso de embarazo posterior podría haber lactancia.
- No impide exploraciones clínicas (palpación, mamografías, etc.)
- Si no existe volumen adecuado de glándula, se sugiere el implanto de prótesis de aumento en la misma intervención.

Abdominoplastia
(descolgamiento de abdomen)

Indicaciones: - Abdomen caído (tras el embarazo).
- Abdomen descolgado (por adelgazamieto).
- Estrías infraumbilicales.

Edad: Terminado el crecimiento

Preoperatorio: 7 días antes:- Evite el frío intenso (nieve
- Evite el calor sofocante (playa, sauna).

Intervención: 3 a 4 horas.

Anestesia: General.

Incisiones: Curva inferior, muy baja.

Hospitalización: 2 días.

Postoperatorio
- No es doloroso.
- Vendaje elástico abdominal, sustituido por faja al dar el alta hospitalaria.
- Posición semisentada en la cama y con las piernas ligeramente flexionadas durante el postoperatorio.
- Apósito plástico sobre las incisiones.
- Puntos: Miniclips de acero quirúrgico inoxidable, que se retiran sin molestias a las 2 semanas.

Cuidados
2 días: puede ducharse o bañarse.
3 semanas: evitar permanecer de pie por mucho tiempo.
Debe de caminar moderadamente.
1 mes: - No aplicarse ni baños de sol, ni de mar.
- Faja abdominal.

Resultados
- Altamente satisfactorios: Se actúa sobre piel, grasa y pared muscular de abdómen.
- No hay problema de embarazo posterior.
- Mantener resultados: controlar variaciones bruscas de peso.

Liposucción — Body Contouring
(aspiración de grasa — modelado corporal)

Indicaciones: Cualquier tipo de grasa inestética localizada.

Edad: Terminado el crecimiento.

Preoperatorio: 7 días antes:
- Evite el frío intenso (nieve)
- Evite el calor sofocante (playa, sauna).

Intervención: Entre 1 a 2 horas.

Anestesia: General.
Local (en pequeños casos).

Incisiones:
Mínimas, de pocos milímetros, muy próximas las zonas a intervenir.

Hospitalización: no precisa.

Postoperatorio
- No hay grandes molestias.
- Llevará una Faja compresiva durante 1 mes.
- Normalmente hay hematomas en las zonas intervenidas.
- Puntos: uno, reabsorbible, por zona incindida.

Cuidados
- 3 a 5 días: Puede ducharse o bañarse, luego de la primera revisión.
- 4 a 6 semanas: tratamientos de recuperación complementarios.
- Caminar o ir en bicicleta moderadamente.

Resultados
Eliminación permanente de la celulitis y grasa localizada.

Estética y Cirugía Estética

Lifting
(rejuvenecimiento del rostro)

Indicaciones: Envejecimiento facial por descolgamiento de la piel.

Edad: A partir de los 35 años.

Clasificación
- Superior (minilift): Parte alta de la cara.
- Inferior (cuello): Parte baja de la cara.
- Completo.
- Combinado: Con otras intervenciones (párpados, nariz, malar,   etc.

Preoperatorio: 7 días antes:
- Evite el frío intenso (nieve)
- Evite el calor sofocante (playa, sauna).

Intervención: Entre 1 a 4 horas.

Incisiones: Dentro de la cuero cabelluda y en el surco preauricular.

Anestesia: Local: Lifting parcial.
General: Lifting total o combinado.

Hospitalización: Lifting parcial: no precisa.
Lifting total o combinado: 24 horas.
Postoperatorio: No hay dolor.
Edema (hinchazón) facial variable.
Vendaje durante el tiempo de hospitalización.
Puntos: Se retiran entre 1 a 2 semanas.
Cuidados
1 día antes: lavado de cabeza.
2 semanas después: autorizado maquillaje y crema hidratante.
1 mes: autorizado teñido cabello, baños de mar.
2 meses: autorizados baños solares.
3 meses: cuidados faciales habituales.

Resultados
Eficaz corrección del envejecimiento facial por descolgamiento.
No deben haber cambios en la expresión del rostro.
No corrige pequeños surcos (usar peelings o infiltraciones).

Blefaroplastia
(párpados)

Indicaciones: Envejecimiento facial por pliegues y bolsas en los párpados.

Edad: A partir de los 20 años.

Clasificación: Superior: Párpados superiores.
　　　　　　　　Inferior: Párpados inferiores.
　　　　　　　　Completa: Párpados superiores e inferiores.
　　　　　　　　Combinado: con otras intervenciones.

Preoperatorio: 7 días antes:
　　　　　　　– Evite el frío intenso (nieve)
　　　　　　　– Evite el calor sofocante (playa, sauna)
　　　　　　　– No teñir pestañas.

Intervención: Entre 1 a 2 horas.

Incisiones: Párpado superior: En el pliegue natural
　　　　　　　Párpado inferior: En la línea de bajo las pestañas.

Anestesia: Local: párpado superior o inferior
　　　　　　　General: párpado superior y párpado inferior

Hospitalización: no precisa

Postoperatorio
　　　No hay dolor.
　　　Edema (hinchazón) variable en párpados.
　　　Compresitas con manzanilla fría en párpados: 2-3 días
　　　Puntos: Se retiran entre 4 a 5 días.

Cuidados: La 1ª semana (o antes): Maquillaje especial.
　　　　　　　Después de 1 mes: Baños de mar. Teñido pestañas.
　　　　　　　Después de 2 meses: Baños de sol.

Resultados: Intervención para la corrección del envejecimiento facial al corregirse tanto pliegues (sobre todo en párpados superiores) como bolsas (sobre todo en párpados inferiores). No cambia la expresión del rostro.

Pueden necesitar un tratamiento complementario pasados unos 2 meses para tratar las «Patas de gallo»

Peeling
(manchas, microarrugas)

Indicaciones: Envejecimiento facial por manchas y arrugas superficiales de la piel.

Edad: A partir de los 30 años.

Clasificación: Total: Todo el rostro
Parcial: Zonas concreta, labios, párpados, etc.).

Preoperatorio: 15 días antes:
- Evite el frío intenso (nieve)
- Evite el calor sofocante (playa, sauna).

Intervención: Entre 1 a 2 horas.

Incisiones: No existen.

Anestesia: Peeling parcial: No precisa.
Peeling total: Sedación

Hospitalización: No precisa

Postoperatorio: No hay dolor.
Edema (hinchazón) y algunas molestias.
No hay vendajes. Apósito plástico transparente durante 2 semanas, que se va retirando sin molestias (se desprende sólo, a medida que se. regenera la nueva piel).

Cuidados

A la 1ª semana: lavado de cabeza.
A las 2 semanas: Una vez retirado el apósito plástico, aplicarse crema hidratante y tener una total protección solar.
Después de 1er mes: Maquillaje, teñido de cabello, etc.
Después de los 2 meses: Baños de mar.
Después de los 3 meses: Baños de sol.

Resultados

Efecto rejuvenecedor complementario del lifting o para casos que aún no precisan del mismo.
No hay cambios en la expresión del rostro.

Infiltraciones
(arrugas)

Indicaciones: Envejecimiento facial por arrugas (surcos), sobre todo frontales (entre las cejas) y nasolabiales (junto a la boca).

Consiste en la inyección de materiales que elevan la arruga (ácido hialurónico) o controlan la excesiva movilidad de los músculos de la cara (toxina botulínica).

Edad: A partir de los 30 años.

Preoperatorio: 7 días antes:
Evite el frío intenso (nieve)
Evite el calor sofocante (playa, sauna).

Intervención: 30 minutos.

Incisiones: No existen.

Anestesia: No precisa.

Hospitalización: No precisa.

Postoperatorio: No hay dolor.
Ligero enrojecimiento de la zona tratada.

Cuidados: Nada especial. Evitar el sol fuerte.

Resultados:

Efecto rejuvenecedor inmediato complementario del lifting o para casos que aún no precisan del mismo.

No hay cambios en la expresión del rostro.

Estética y Cirugía Estética

Transplante de cabellos
(alopecia)

Indicaciones: Caída de cabello no recuperable por otros tratamientos

Edad: A partir de los 25 años.

Clasificación: Microinjertos: Pelo a pelo
Injertos: "Punch" (cilindros libres)
Plastias (colgalos pediculados)

Preoperatorio: 7 días antes:
– **Evite el frío intenso (nieve)**
– **Evite el calor sofocante (playa, sauna, etc.)**
1 día antes:
– **Lavado de la cabeza**

Intervención: Entre 1 a 3 horas.

Incisiones:
– Microinjertos e injertos: zonas donantes en regiones témporo-occipitales.
– Plastias: zona donante en región parieto-temporal. La zona receptora suele ser la línea frontal anterior (línea natural del cabello

Anestesia: Local: punch moderado
General: plastias

Hospitalización: Anestesia local: no precisa
Anestesia general: 24 horas.

Postoperatorio: Algunas molestias y edema, que puede descender hacia el rostro (los primeros días). Vendaje capilar. Lavado del cabello. Puntos (si los hay): se retiran en 1 semana.

Cuidados: A la 1ª semana (o antes): lavado de cabeza.
Mantener higiene capilar (según prescripción del cirujano).
1 mes: autorizado teñidos y baños de mar.

Resultados: Recuperación *definitiva* de los cabellos.
Se mantienen según el patrón genético de la zona donante.

I.
Láminas
COMENTADAS

Rinoplastia

Fig.: (a)

Observamos en esta figura, los elementos anatómicos más característicos que componen la estructura de la nariz.
   1. Huesos propios
   2. Cartílago Lateralis
   3. Cartílago Alaris.

Fig.: (b)

En esta imagen, nos vienen representados los tiempos quirúrgicos, dentro de una intervención de Rinoplastia.

   – <u>Tiempo 1</u>: Resección del cartílago Lateralis y huesos propios de la nariz.
   – <u>Tiempo 2</u>: Recorte y ajuste de la base del cartílago Lateralis.
   – <u>Tiempo 3</u>: Exéresis del cartílago Alaris.

Fig.: (c)

Apreciamos finalmente, un pre y postoperatorio en rinoplastia, donde observamos los resultados conseguidos después de la intervención.

   – Dulcificación del dorso de la nariz.
   – Disminución del ángulo de proyección fronto-nasal, aproximadamente a 30°.
   – Elevación de la punta de la nariz y aumento del ángulo for-mado por la base de la misma y el labio superior, que oscila entre 12° y 25° según la fisonomía del paciente.

Observaciones: La forma de la nariz, se decide tras consultar previamente las preferencias del paciente y bajo estrictos cánones sujetos a distintos condicionamientos, como son: óvalo de la cara, estructura ósea, complexión anatómica, estatura, etc. Esta decisión final, le corresponde al cirujano.

En la actualidad disponemos del digitalizador de imágenes, con el cual podemos mostrar al paciente el estudio preoperatorio de su resultado, es decir que puede ver y comentar con su cirujano "como quedará".

Estética y Cirugía Estética

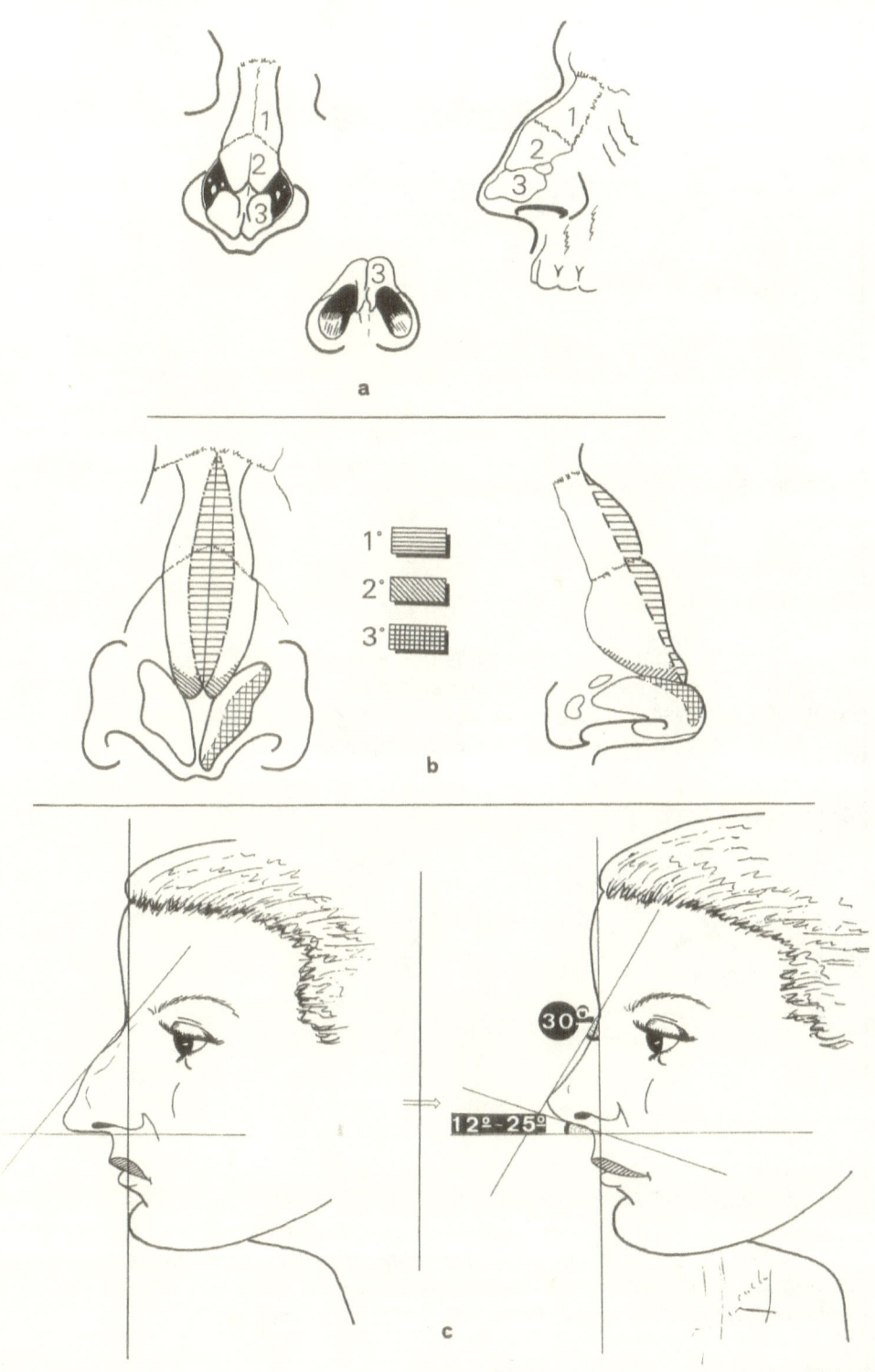

a

b

1° 2° 3°

c

12º - 25º

30º

Mentoplastia

Fig.: (a)

Podemos ver en estas dos imágenes, dos perfiles de cara con su correspondiente estructura ósea antes y después de la inter-vención quirúrgica.

Observamos la proyección de la prótesis (frente y perfil) y su exacta y definitiva localización. La flecha en la segunda imagen, nos muestra la situación intrabucal de los puntos, los cuales son reabsorbibles.

Fig.: (b)

En esta segunda figura, vemos dos imágenes en la que la primera presenta un claro retrognatismo (mentón hacia atrás). Observamos en la segunda la corrección del mismo mediante la implantación de la prótesis, logrando de esta manera, la armoni-zación de los perfiles fisonómicos.

Observaciones: El tamaño del aumento depende directamente del grado de regrogenia y como antes apuntábamos, de los cánones antropomórgicos fundamentales para alcanzar los resultados más armónicos.

Estética y Cirugía Estética

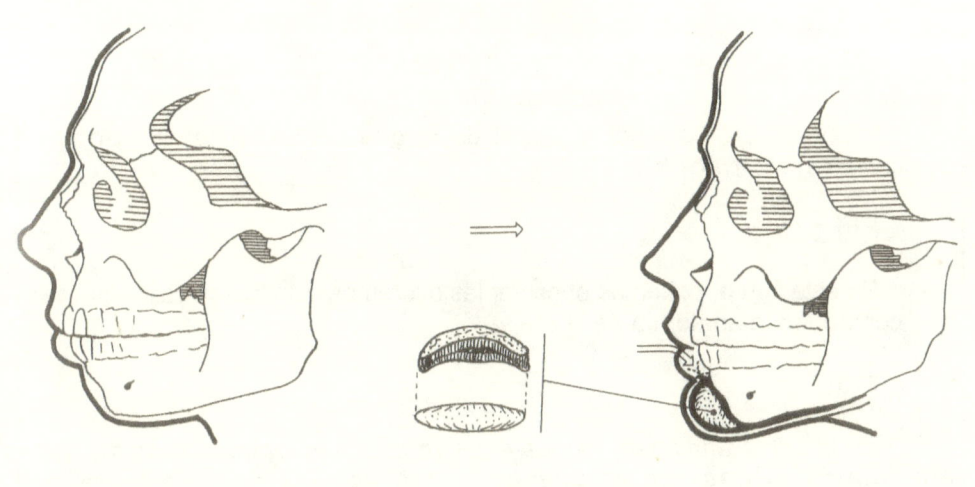

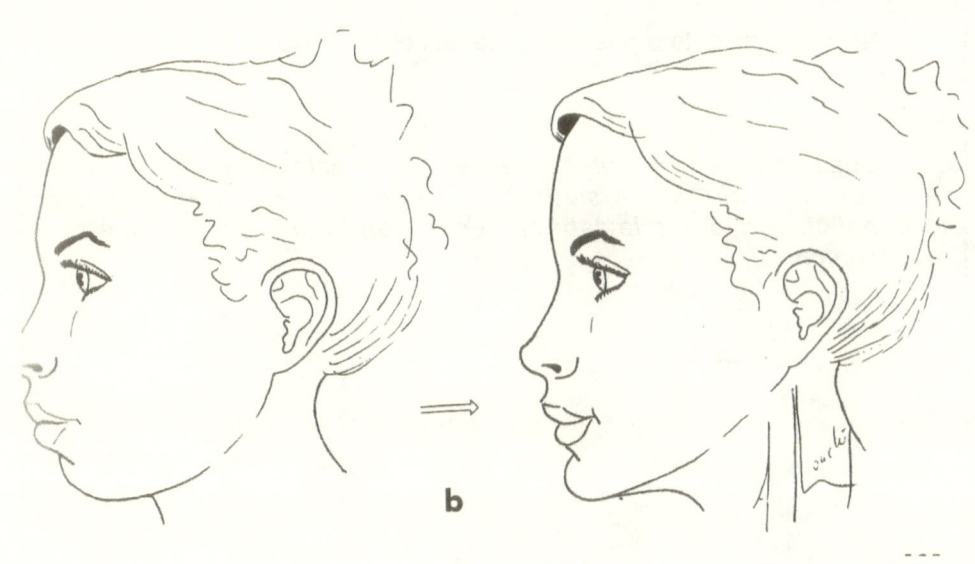

b

Otoplastia

Fig.: (a)

Visión antero-posterior y lateral de lo que comunmente se conoce, como «oreja en soplillo».

Fig.: (b)

En esta figura, podemos observar las diferentes estructuras cartilaginosas que componen la anatomía de la oreja.

Fig.: (c)

En la primera imágen, se nos muestra el campo operatorio separado por cuatro erinas, en el que podemos ver las diferen-tes incisiones y su posterior aproximación mediante ligaduras de las correspondientes estructuras cartilaginosas y de esta forma, lograr la aproximación natural del pabellón auricular.

En la segunda imágen, el pabellón auricular está ligeramente separado por una erina, apreciándose la línea de incisión de la piel y su resolución, mediante una sutura intradérmica.

Fig.: (d)

Nueva visión antero-posterior y lateral del resultado post-qui- rúrgico

Observaciones: El criterio para efectuar esta interven-ción viene dado por el fin que se persigue con la misma: máxima aproximación del pabellón auricular a la cabeza, recuperando así la forma anatómica armónica

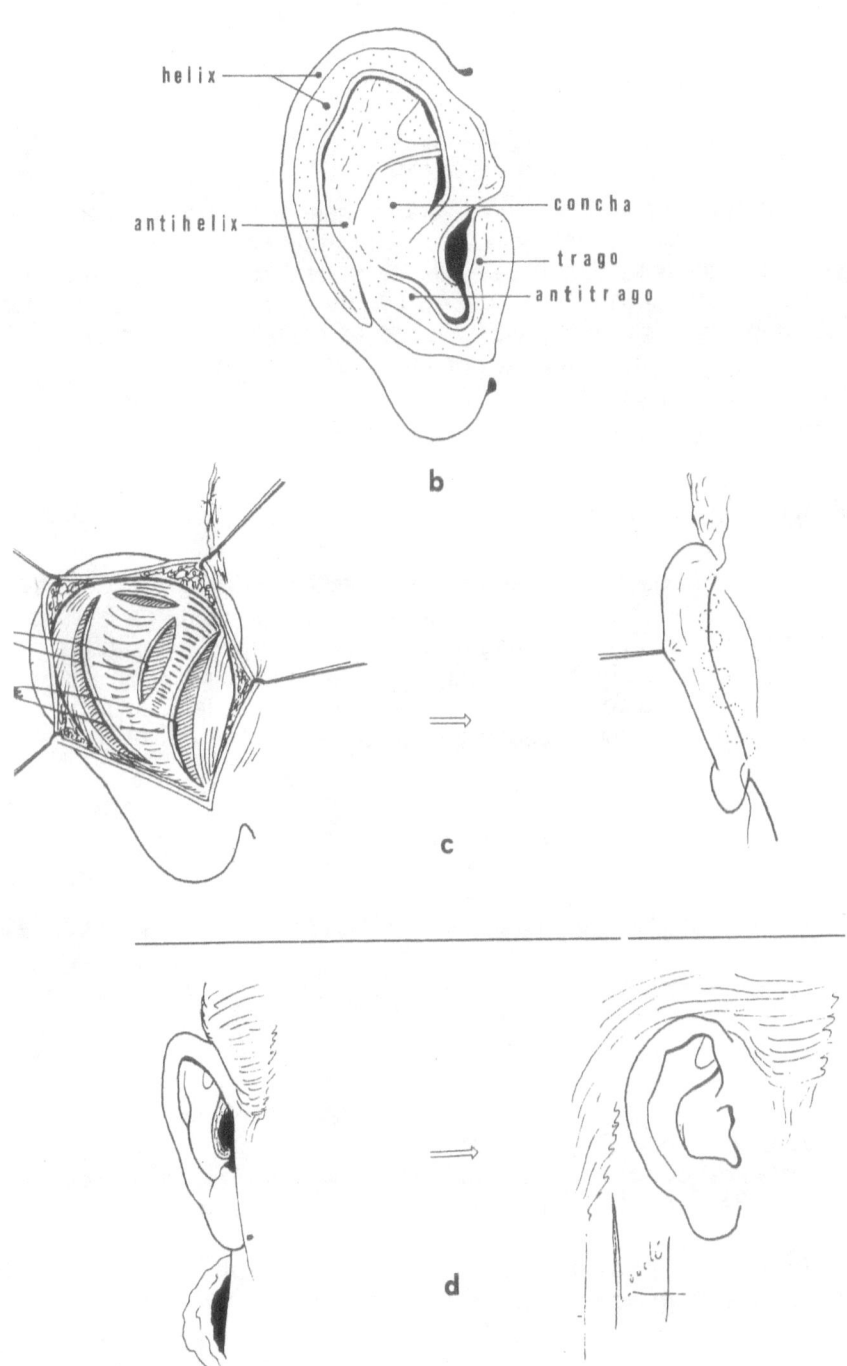

Hiperhidrosis Axilar

(Tratamiento Quirúrgico)

Fig.: (a)

Se nos muestra en esta primera imágen, el campo operatorio que corresponde a la porción central de la fosa axilar y que está muy bien definido por el crecimiento del vello. Esta área es de forma oval, con su eje mayor siguiendo la dirección del brazo. La incisión más larga, se efectúa transversalmente a ese eje mayor y luego se practican dos inci-sio-nes más pequeñas pero perpendiculares a la primera, es decir en senti-do opuesto, como indica el gráfico.

Fig.: (b)

Podemos observar en esta figura la escisión de las glándulas sudoríparas. La capa de tejido glandular se diseca cuidadosa-mente de la superfi-cie interna de la dermis. Para mantener la viabilidad de la piel, es esen-cial preservar la red vascular sub-dérmica. Para ello se toma el colgajo con una erina y se mantie-ne estirado sobre el dedo del cirujano durante la disección, que de-be de ser cuidadosa y minuciosamente realizada.

Fig.: (c)

Vemos el resultado de la intervención, con el cierre y sutura de la incisión.

Observaciones: En el período post-operatorio inmediato hay una ausencia total de sudoración. A los tres meses retorna una sudo-ración que se puede considerar normal o inferior a lo normal

Nota: hoy el tratamiento con infiltración local de toxina botulina puede mejorar este problema temporalmente.

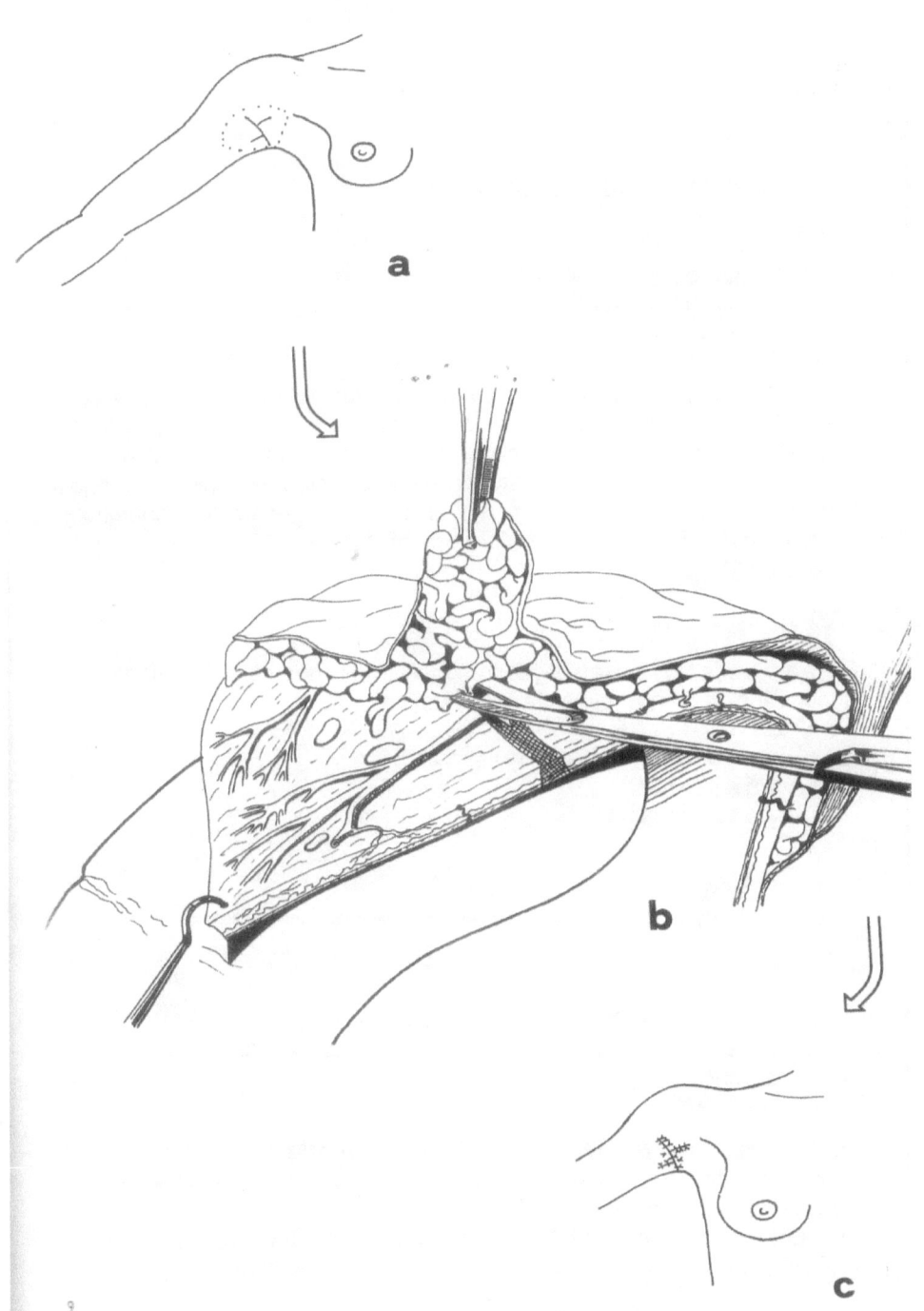

a

b

c

Mamaplastia Aumentativa

Fig. : (a)

En la primera imagen, vemos la representación de una mama hipotrófica con sus diferentes estructuras anatómicas.

(1) Tejido glandular mamario.
(2) Músculo Pectoral Mayor.
(3) Músculo Pectoral Menor.
(4) Costillas.

En la segunda imagen podemos apreciar la vía de abordaje, en nuestro caso **transaeolar Inferior** desde donde a través del tejido glandular, llegamos hasta detrás del músculo pectoral mayor (señalado por un círculo estrellado). En la mayoría de las pacientes y debido fundamentalmente a la mejor textura actual de los implantes (gel cohesivo) situamos estos en el espacio natural (detrás de la glándula, pero delante del músculo)..

Fig.: (b)

Aquí podemos observar las tres incisiones más características en la intervención de mamaplastia aumentativa:

(1) Vía transareolar (Dr. Mira).
(2) Vía subreolar.
(3) Vía submamaria.

Fig.: (c)

Glándula mamaria hipotrófica, visión preoperatoria.

Fig.: (d)

Fase post-operatoria, en la que se muestran unas mamas en tamaño y forma más armónicas con el conjunto (*anchura de hom-bros, estatura, tamaño del tronco,* etc.).

Observaciones: Es una intervención, en la que el cirujano debe decidir el tamaño de la prótesis, teniendo en cuenta los paráme-tros antes mencionados y por supuesto las preferencias de la paciente. La vía de elección es la transareolar por permitir controlar mejor la intervención, dejando una cicatriz imperceptible.

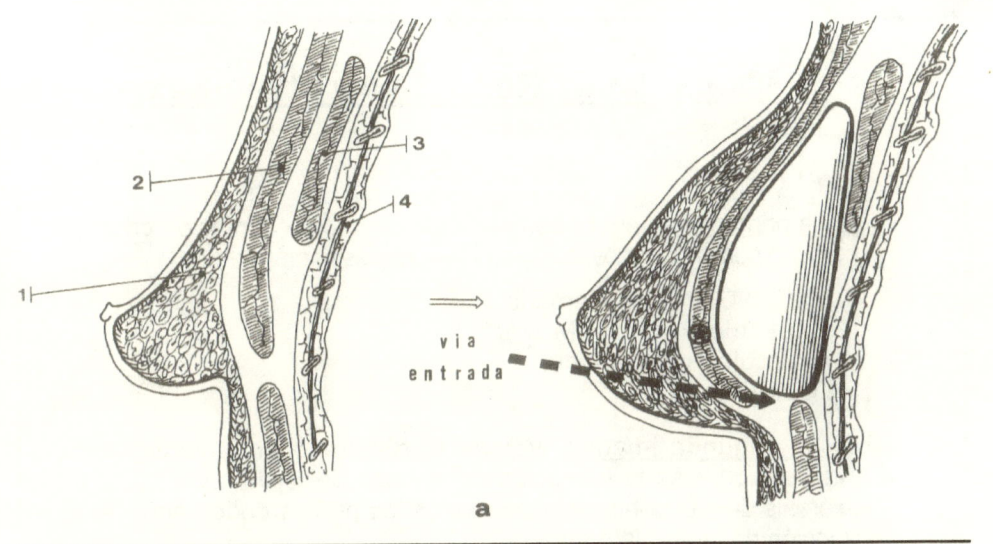

a

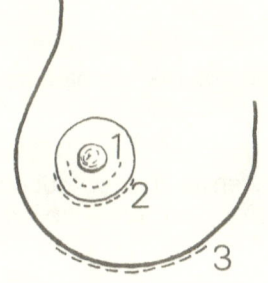

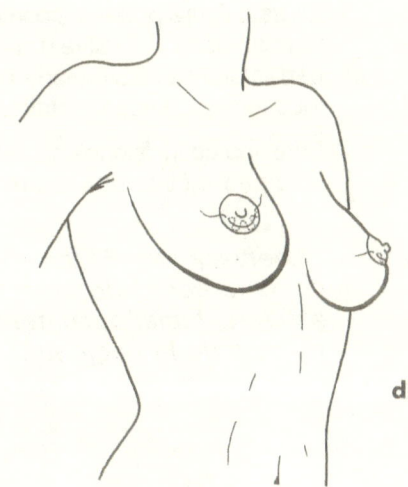

Mamaplastia Reductiva y Mastopexia

Fig.: (a)

En la primera magen, podemos observar la representación de una mama hipertrófica, mostrando sus estructuras anatómicas

(1) Tejido Glandular Mamario.
(2) Músculo Pectoral Mayor.
(3) Músculo PectoraMenor.
(4) Costillas.

En la segunda imagen, vemos el resultado post-quirúrgico de la intervención, tras la resección del exceso de tejido glandular y de la exéresis de piel sobrante. Apreciamos los puntos dados en la reconstrucción de la areóla mamaria.

Fig.: (b)

Visión pre-operatoria de dos mamas hipertróficas.

Fig.: (c)

Visión post-operatoria, en la que se puede notar la reconstrucción y armonización en tamaño y en forma de ambas mamas y la posterior sutura de las mismas.

Tanto en esta figura como en la anterior, podemos apreciar las líneas de incisión.

Fig.: (d)

En esta figura podemos contemplar todas las líneas de sutura en una mamaplastia reductiva. La sutura en el pliegue submamario queda perfectamente disimulada por éste. La sutura periareolar desaparece totalmente. La sutura vertical tiende a disimularse con el tiempo.

Este tipo de incisiones se aplica también en la Mastopexia, en la que sólo se practica una exéresis de piel.

Observaciones: El tamaño y forma de las mamas, las decide e1 cirujano, teniendo en cuenta el entorno (anchura de hombros, estatura, tamaño del tronco, etc.), objetivando también las preferencias de la paciente.

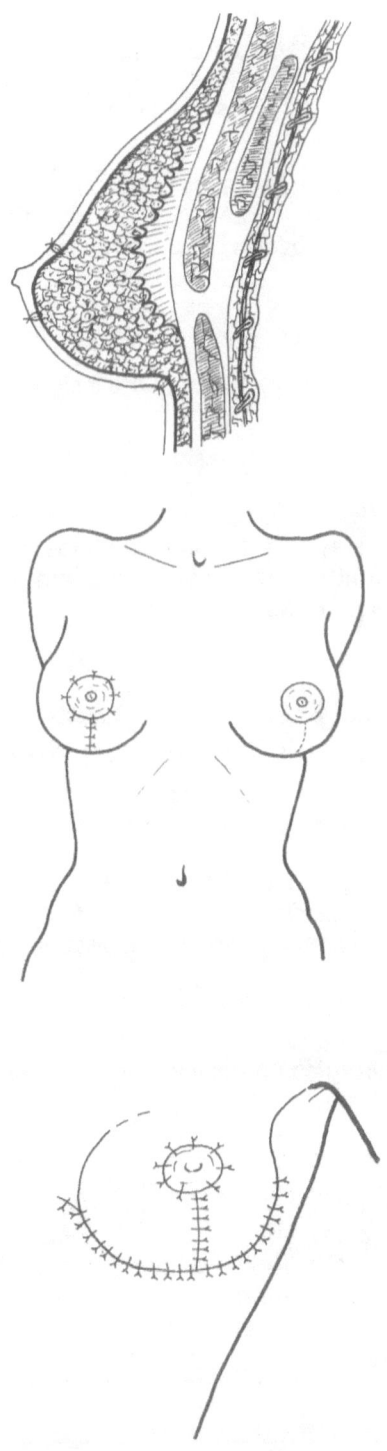

Abdominoplastia

Fig.: (a)

Visión anteroposterior y lateral de una paciente antes de ser intervenida y en la que podemos ver una gran ptosis (descolgamiento) de la piel acompañada de una distensión abdominal por dehiscencia de los músculos rectos del abdomen.

Fig.: (b)

En esta figura podemos distinguir las dos incisiones de la abdominoplastia

- Periumbilical.
- Suprapúbica.

Fig.: (c)

Aquí podemos detectar la separación de los músculos rectos del abdomen y la consecuente eventración. Apreciamos también, indicado por dos flechas, toda el área de despegamiento.

Fig.: (d)

Vemos aquí como el cirujano está efectuando la plicatura (fijación) de los músculos rectos del abdomen, para que estos actúen haciendo efecto de una faja natural.

Fig.: (e)

En el primer dibujo comprobamos como se han puesto las ligaduras para poder efectuar la plicatura. En el segundo dibujo notamos ya, como se ha hecho la aproximación y fijación de los rectos y por lo tanto se cierra la pared abdominal.

Fig.: (f)

Imagen post-quirúrgica en posición en la que se muestra la línea de sutura suprapúbica y umbilical.

Observaciones: La línea de sutura periumbilical desaparece prácticamente. La línea de sutura suprapúbica va disimulándose con el tiempo, aunque puede pasar totalmente inadvertida por cuanto quedará muy bien cubierta por la prenda interior, por pequeña que esta sea.

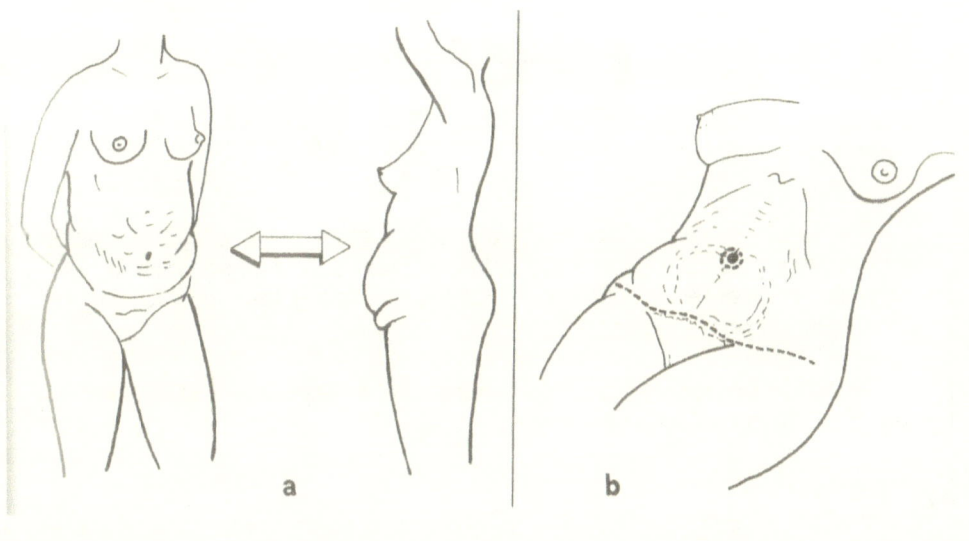

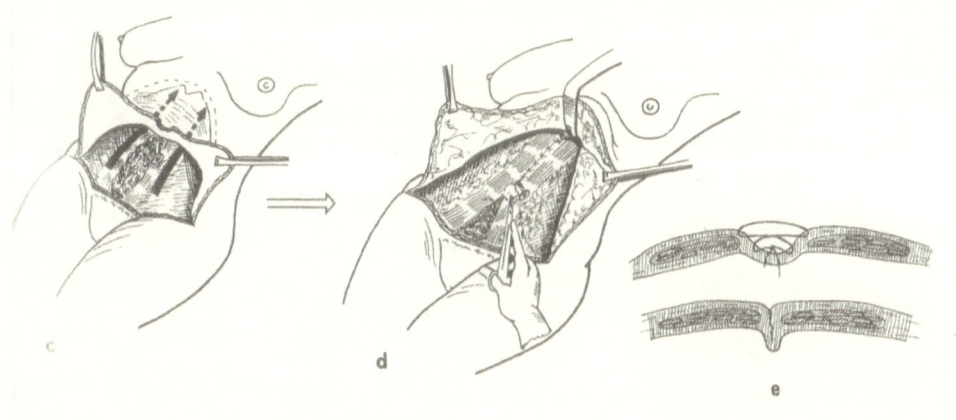

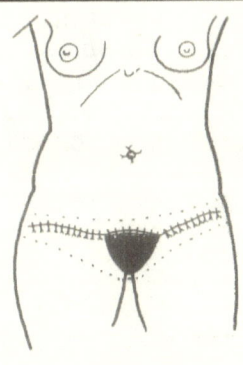

Liposucción

Fig.: (a)

Nos presenta esta imagen, los diferentes tipos de cánulas empleadas en el tratamiento quirúrgico de la celulitis. Estas cáanulas son intercambiables, según la específica aplicación de las mismas y las necesidades de cada caso o zona a tratar.

Podemos apreciar en la primera imagen, el sencillo mecanis-mo de inserción de la cánula en su mango.

Fig.: (b)

Vemos en esta figura, como penetra la grasa por los orificios de la cánula a través de la misma, en la dirección que marca la flecha. El cirujano efectúa un movimiento de vaivén, con el fin de recorrer en toda su extensión los múltiples orificios en forma de panal de abejas que se deben practicar.

Fig.: (c)

Podemos comprobar en esta imagen como la cánula penetra en el pliegue glúteo hasta alcanzar la zona a tratar, practicando en ella los múltiples orificios antes citados.

Fig.: (d) y (e)

Tanto en una figura como en la otra, vemos las diferentes vías de acceso para el tratamiento mediante liposucción de la celulitis.

Observaciones: La grasa que se extrae con esta técnica, no se vuelve a reproducir. Se provoca una retracción global de toda la zona tratada mediante el proceso de fibrosis que genera la tunelización de la misma. Esto hace que haya una disminución del volumen en general debido a estos 2 efectos: primero por la extracción de grasa y luego por la retracción subsiguiente.

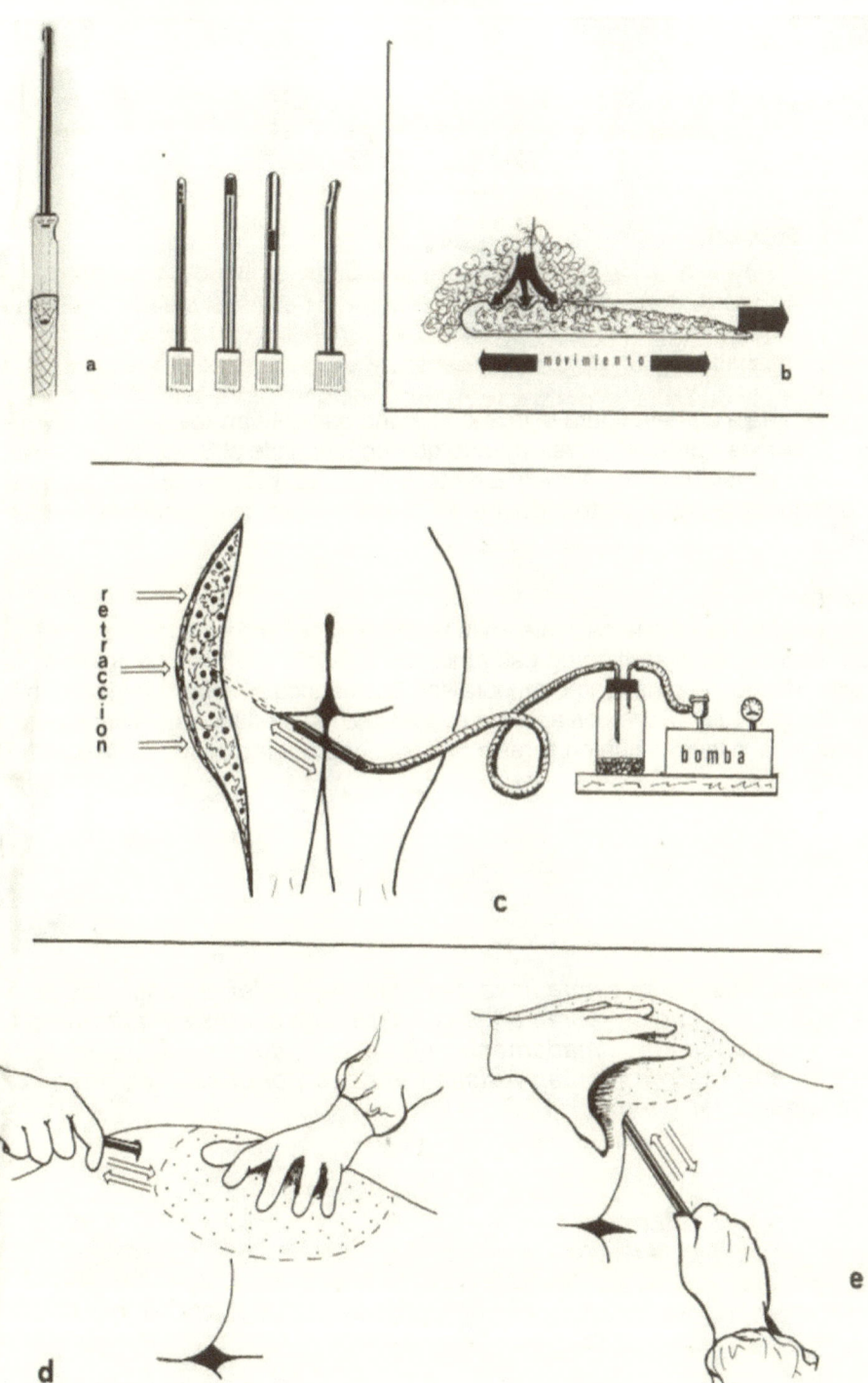

Lifting

Fig.: (a)
Vemos en esta primera figura la imagen de una paciente an-tes de la intervención, podemos apreciar el área rayada que corresponde al S.M.A.S. (*Sistema
Músculo Aponeurótico Superficial*). Este S. M. A. S. es disecado cuidadosamente
por debajo de la piel y posteriormente se tensa y se fija, como indican las flechas.

Fig.: (b)
Observamos a la misma paciente en la fase post-operatoria, en la que las flechas nos indican el sentido de estiramiento de la piel y la línea de sutura que
se extiende por la zona temporal, para seguir preauricularmente y terminar en la
zona retroauricular. Podemos apreciar que en la zona preauricular, la sutura es
intradérmica, mientras que en el resto de las zonas se efectúa mediante puntos
sueltos.

*Observaciones: La paciente lleva después de la intervención, dos tu-
bos de drenaje, que se retiran a los dos días. Los puntos se quitarán a
las dos semanas aproximadamente, no apreciándose prácticamente la
línea de sutura preauricular y disimulándose por el pelo las de la zona retroauricular y temporal.*

Estética y Cirugía Estética

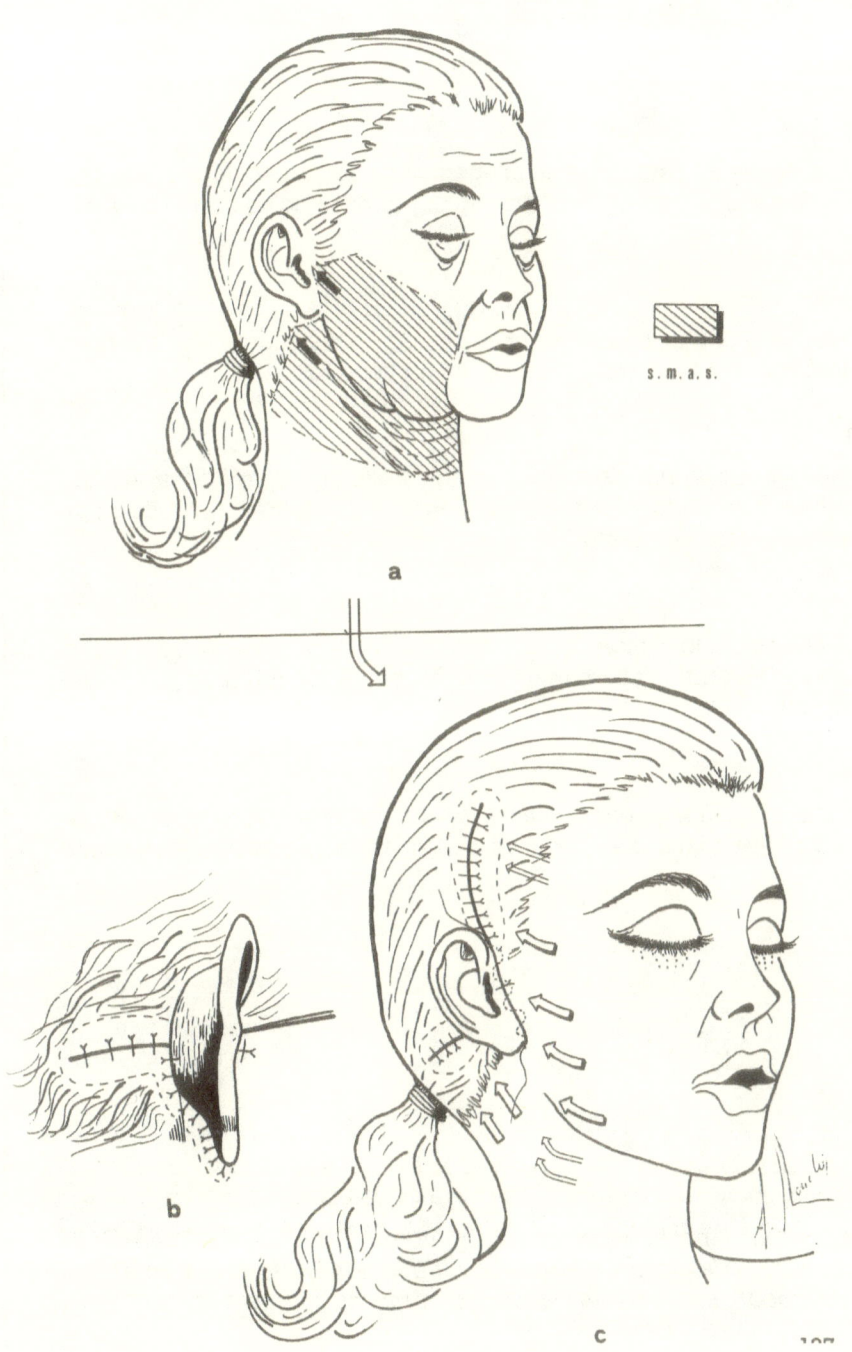

s. m. a. s.

a

b

c

Blefaroplastia

Fig.: (a)

Podemos apreciar en esta figura, la imagen de un ojo izquierdo con una ptosis palpebral superior (caída del párpado superior) y bolsas en el párpado inferior.

Fig.: (b)

Vemos aquí, la sutura practicada con puntos sueltos e intradérmicos después de la extracción de las bolsas de grasa del párpado superior.

Fig.: (c)

Completada la sutura del párpado superior, podemos apre-ciar la incisión practicada en el párpado inferior para proceder a su vez, a la extracción de las bolsas de grasa del mismo.

Fig.: (d)

Una vez finalizada la intervención, contemplamos las líneas de incisión perfectamente suturadas con puntos muy finos, que se retirarán a los cuatro o cinco días de la operación.

Fig.: (e)

Visión post-operatoria a las dos semanas de practicada la in-tervención. Podemos apreciar que todas las líneas de cicatrización quedan perfectamente disimuladas.

Observaciones: Aparece un edema palpebral por la interven-ción, que a los cinco o siete días tiende a remitir por completo. Las líneas de sutura pasan inadvertidas prácticamente, a los diez días posteriores al acto quirúrgico.

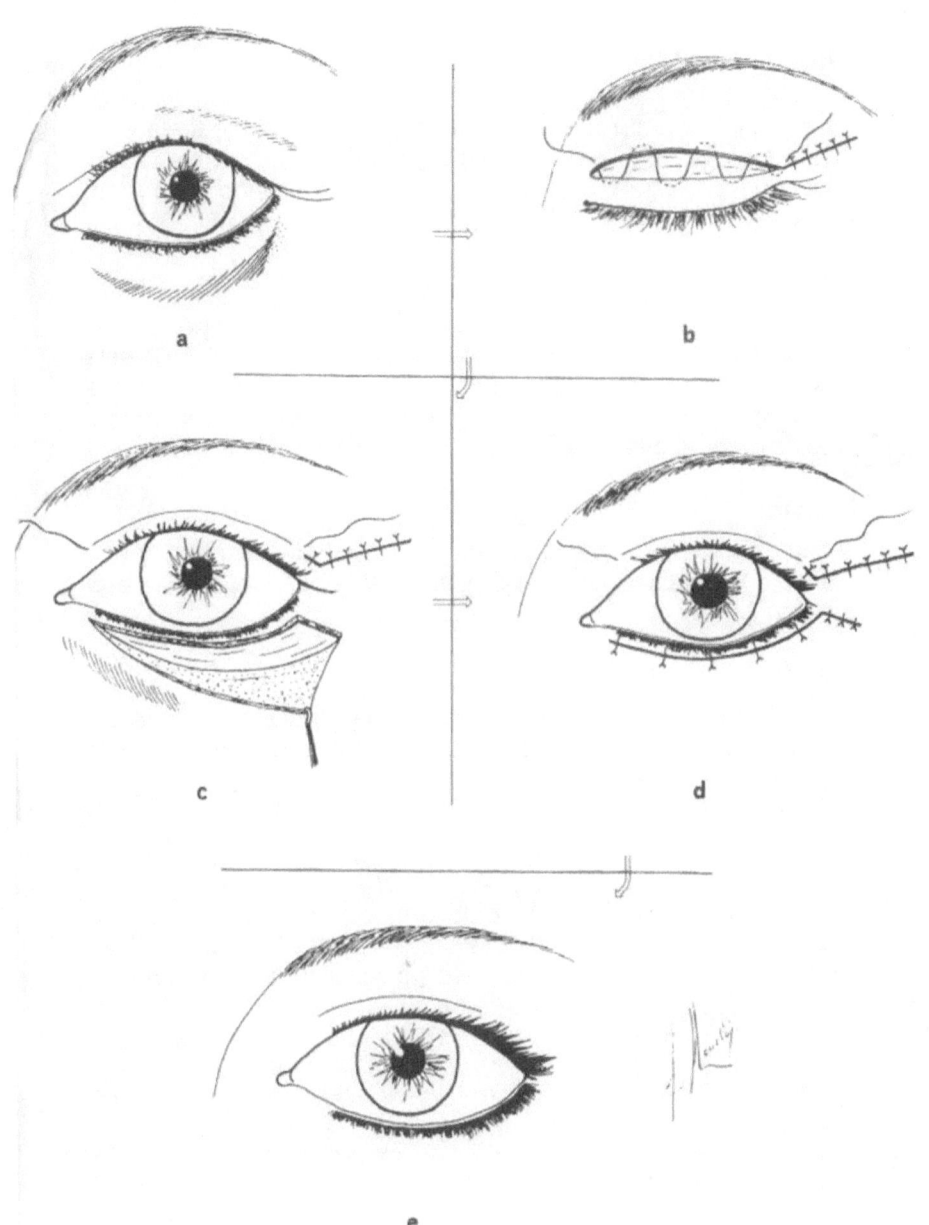

a

b

c

d

e

Infiltraciones

Fig.: (a+) y (a++)

Vemos en estas dos figuras, la forma como nosotros introducimos la aguja sub-epidérmicamente, siguiendo el surco de la arruga hasta llegar al final de la misma, luego y al tiempo que vamos sacando dicha aguja, aprovechamos para ir infiltrando la substancia de relleno, tal como indican las flechas.

Fig.: (b)

Una vez que hemos infiltrado, hacemos una ligera presión por un corto tiempo, en el orificio por donde ha penetrado la aguja, de esta manera primeramente obturamos el mismo y a la vez evitamos que salga la substancia infiltrada, luego efectuamos un ligero masaje de la zona re-llenada, como nos indican las flechas.

Fig.: (c)

Apreciamos en la imagen como podemos tratar las arrugas verticales de los labios, así como el surco y la cola del surco naso-geniano (rictus).

Fig.: (d)

Finalmente, vemos un tratamiento de las secuelas de una parálisis facial postraumática, con hundimiento de la cara por atrofia de los músculos de la misma.

Observaciones: Las sustancias empleadas para la corrección de las arrugas de la cara pueden ser pasivas (colágeno, ácido hialurónico, etc.) o activas (toxina botulínica), Las infiltraciones se suelen practicar en varias sesiones. Están indicadas en la corrección de arrugas estáticas o dinámicas de la zona glabelar (entrecejo), surco naso-geniano, arrugas de los labios y defectos de la piel (depresiones).

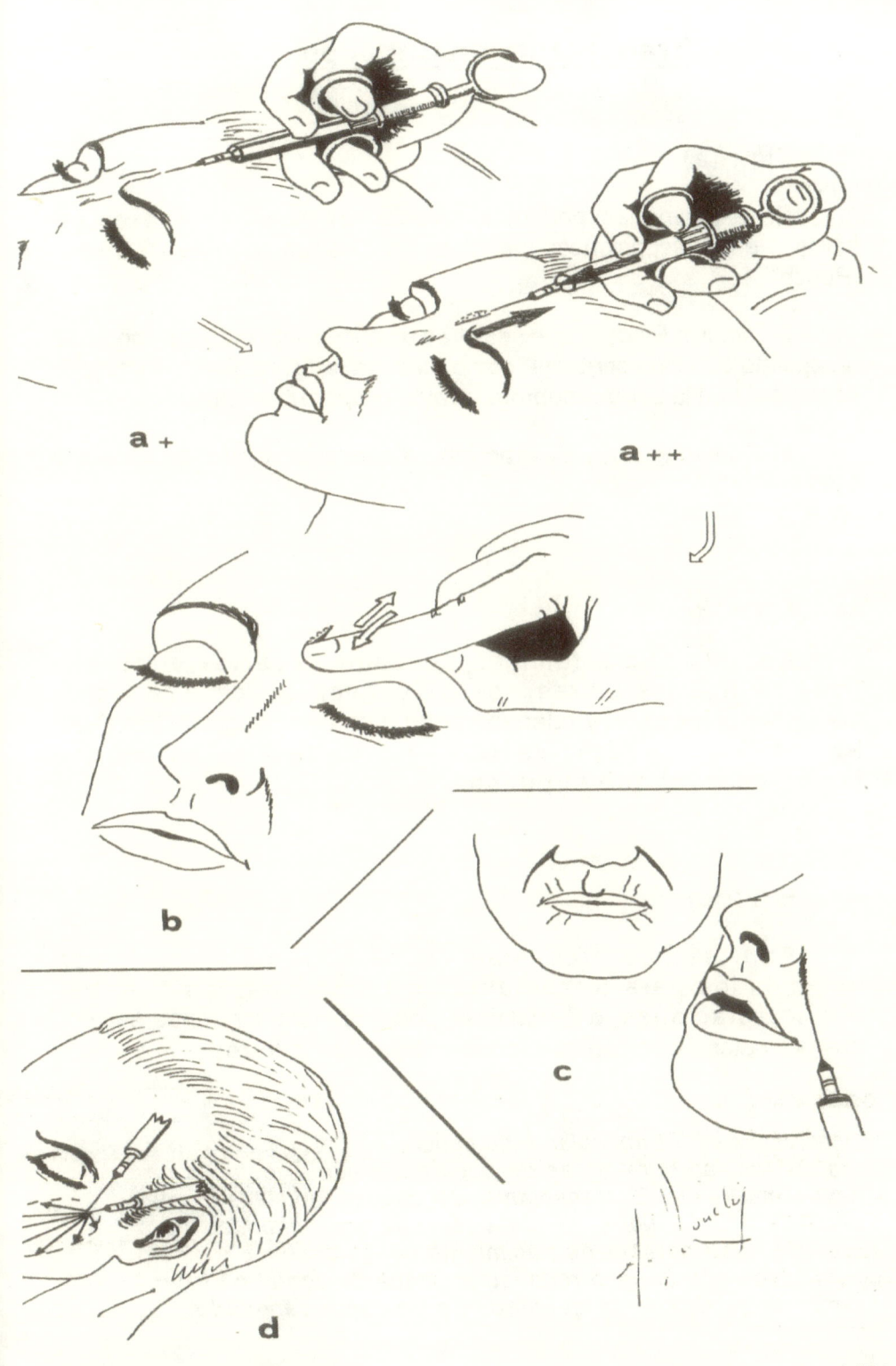

a +

a ++

b

c

d

Transplante de Cabellos

Fig.: (a)

En esta imagen podemos apreciar un trasplante libre de cabellos, en 2 acepciones; mediante La Técnica del Injerto Libre o "Punch":

I) Circular: Es decir que se extrae un microinjeto redondo, mediante un aparato cilíndrico cor-tante, como muestra la figura. Este microinjerto se implanta en la zona receptora, previa preparación de su lecho.

II) Cuadrangular: La extracción de este microinjerto, se hace con bisturí.

Fig.: (b)

En esta figura también podemos observar otros dos tipos de Injertos Libres, pero esta vez en forma de Tira; se los extrae con bisturí, y pueden ser de forma Rectangular (Tira Paralela) o de forma Ovoidea (Tira Navicu-ar). La técnica de implantación es igual que el punch.

Fig.: (c)

Aquí se nos presentan varios tipos de los colgajos pediculados para transplante de cabello, en las que mediante rotaciones o Z-Plastias, podemos recubrir zonas alopécicas (sin pelos), por tejido rico en folículos pilosos.

Observaciones: El transplante de cabello con microinjertos o tiras, se emplea para zonas de poca extensión y regiones parieto-temporales. El transplante de cabello pediculado mediante dis-tintos tipos de plastias, está más indicado para crear la línea anterior de nacimiento de los cabellos (colgajo pediculado tipo Juri), o reconstrucciones de zonas en el tratamiento quirúrgico de quemaduras en cuero cabelludo.

a. Libre

1. Microinjerto (punch)

1. Tira (stripe)

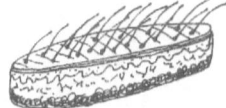 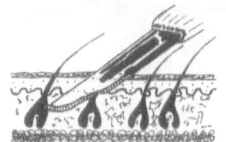

b. Pediculado

$I^{\underline{o}}$ plastia simple $\Longrightarrow$

$2^{\underline{o}}$ '' '' ‹tipo Orticochea› $\Longrightarrow$

$3^{\underline{o}}$ '' '' ‹tipo Juri› $\Longrightarrow$

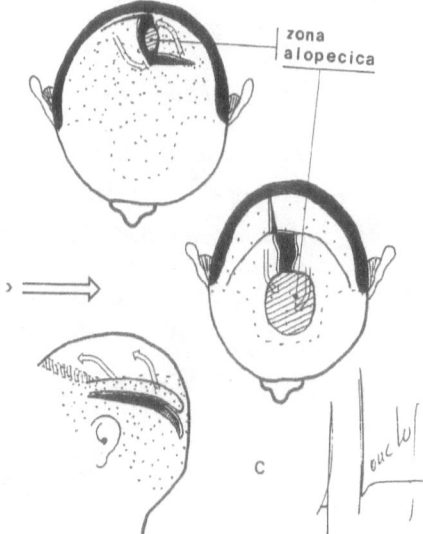

zona
alopecica

c

Queiloplastia

Fig.: (a)

La línea de puntos nos muestra los bordes de la incisión y la zona de exéresis en el labio superior.

Fig.: (b)

Esta imagen nos señala la zona del labio superior en el que se ha hecho la exéresis, formado en el borde inferior por la mucosa del labio y en el borde superior por la piel del mismo labio.

Fig.: (c)

Finalmente, vemos el ensanchamiento del labio superior tras la unión de ambos bordes mediante sutura intradérmica.

Observaciones: La queiloplastia se puede efectuar, tanto en el labio superior como en el inferior. El grosor del labio es de elección del paciente, siempre que esté dentro de unos límites armónicos.

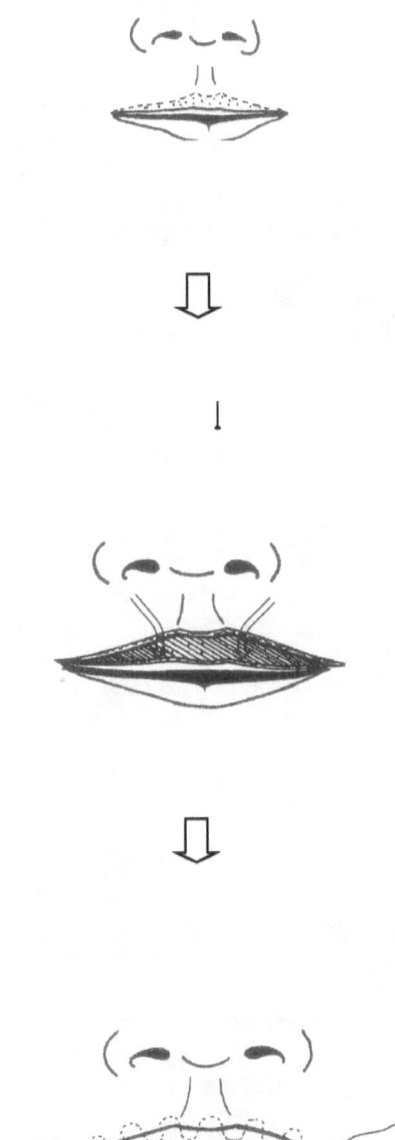

Peeling

Fig.: (a)

Como podemos observar, mediante un palillo con algodón en su extremo; aplicamos sobre la piel, una solución cuya fórmula es exacta (Fenol 90 U.S.P., Aceite de Croton, Septisol y Agua bidestilada); es preparada por el propio cirujano antes de la operación, esta solución producirá una quemadura de segundo grado, estimu-lando así la capacidad germinativa de la piel.

Este tratamiento está indicado para finas arrugas de la cara y para alteraciones en la pigmentación de la piel (manchas).

Dermoabrasión

Fig.: (a)

Según nos muestra la imagen, vemos un torno semejante al que usan los dentistas, con una cabeza (en la que están insertadas múl-tiples partículas) que gira a una velocidad de 20.000 revoluciones por minuto. Indicada especialmente en las irregularidades de la piel, como las pequeñas cicatrices o los huecos de la cara, que son secuelas propias del acné. La capa profunda de la dermis permanece intacta después de una dermoabrasión, produciéndose una intensa proliferación del epitelio escamoso a los tres o cuatro días del tratamiento.

Cicatrices

Exéresis: Se aplica este tratamiento quirúrgico cuando una cicatriz sigue las líneas de relajación de la piel.

Plastias: Se aplica este tratamiento quirúrgico, cuando una cicatriz o lesión no sigue las líneas de relajación de la piel, por lo que debemos cambiar la dirección de las mismas y así, obtener un mejor resultado estético.

Para evitar o corregir la retracción cicatricial, las incisiones se realizan en forma de Z o de W, dándose a estas formas de corte el nombre de Z. plastia o W. plastia. Este proceder permite dar flexibilidad a la cicatriz.

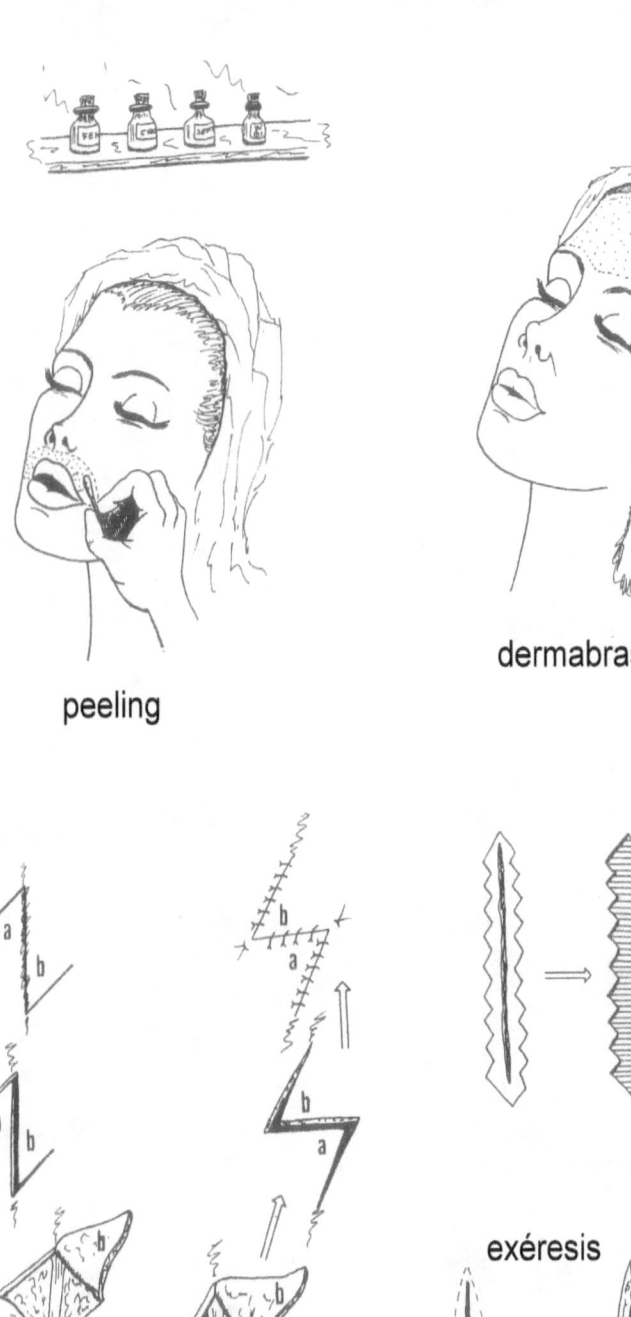

peeling

dermabrasión

z-plastia

w-plastia

exéresis

segunda parte

el trabajo de la esteticista

Introducción

La esteticista tendrá que "trabajar" a distintos niveles frente a una paciente candidata a una intervención de cirugía estética.

1. *Saber informar sobre los detalles de la intervención que serán preguntados y orientar sobre las posibilidades de éxito.*

2. *Saber escuchar y valorar las motivaciones que lleven a la intervención y disuadir a la paciente si estas motivaciones se alejan de una finalidad puramente estética.*

3. *Practicar las técnicas adecuadas antes y después de la intervención para mejorar y acelerar el resultado final.*

Para incidir en la decisión de la intervención, la esteticista ha de estar bien preparada y conocer perfectamente el tema.

La primera parte de este libro está dedicada a aportarle los conocimientos necesarios sobre cada intervención para que pueda hablar con conocimiento de causa.

La segunda parte, que empezamos a continua-

ción, les indicará de qué forma pueden utilizar las técnicas de su profesión en bien de la satisfacción de su cliente.

Se han descrito únicamente las técnicas aplicables a las principales intervenciones, pensando que las esteticistas tienen el sentido común suficiente como para saber adaptar en cada caso los tratamientos adecuados en base a las pautas marcadas.

Para que la labor de la esteticista pueda dar los frutos deseados, ha de poner de su lado todos los factores positivos y no olvidar que la prudencia ha de guiar sus pasos.

En este terreno tan importante de la colaboración con el médico, ha de tener muy presentes unos imperativos básicos:

1. Estar en contacto estrecho con el cirujano.

2. Seguir en todo momento sus instrucciones.

3. Esperar su autorización para empezar o modificar el tratamiento postoperatorio.

4. Solicitar su consejo ante cualquier anomalía aunque luego resulte que no tenía ninguna importancia.

Las Cicatrices

El único gran inconveniente de la Cirugía Estética es la cicatriz. Paradójicamente, es la marca antiestética que resulta de una intervención que se ha hecho con finalidades estéticas

Por lo tanto, es el punto que más nos va a preocupar, el que requerirá toda nuestra atención, y que será necesario la aplicación de las técnicas más adecuadas, para que así permitan su difuminación lo más rápidamente posible.

Por desgracia, nadie puede garantizar una perfecta y normal cicatrización, que deje a la postre apenas una fina línea prácticamente invisible.

En efecto, podemos encontrarnos con distintos problemas de la cicatrización, que hay que conocer aunque no sean de nuestra incumbencia:

1. Dilatación

Los dos bordes de la cicatriz se separan dejando en medio un tejido con el aspecto de una "estría" antiestética.

2. Hipertrofia
La cicatriz se abulta y se vuelve colorada

3. Queloide

Es el temor de los cirujanos de todas las especialidades. Se trata de un defecto de reconstitución del tejido conjuntivo que hace una especie de tumoración.

No se trata de un error del cirujano, sino de un factor individual que provoca un defecto de la cicatrización. En cualquier caso, siempre hay que comunicar esta irregularidad al cirujano y esperar su opinión antes de tocar la zona afectada.

En caso de queloide, el cirujano habrá de intervenir, en algunos casos varias veces, para mejorar el aspecto de esta cica-triz.

Pero dejando de lado estos casos particulares, nos encontramos a menudo con una cicatrización normal. Sus características principales son las siguientes:

1.° Pocos días después de la ablación de los puntos, la cicatriz se presenta como una línea rosada sin o con muy poco relieve, insensible al tacto.

2.° Al cabo de tres meses, el color se ha vuelto uniforme con el de la piel, la marca se ha difuminado y la sensibilidad ha vuelto a la normalidad.

3.° La cicatriz empieza a estabilizarse.

Este pequeño esquema nos demuestra que el período de evolución de la cicatriz se sitúa en los tres primeros meses. Es durante este período que podremos, pues, realizar nuestros tratamientos con la máxima eficacia.

Veamos, ahora cuales son los medios que tenemos a nuestra disposición para esta importante tarea.

El tratamiento de la cicatriz se realizará en tres tiempos:

PRIMER TIEMPO

Se realizarán unas presiones superficiales con la yema de los dedos a cada lado de la cicatriz, pero sin tocar la misma.

Estas presiones tienen como objetivo reactivar y regenerar el tejido que rodea la cicatriz. Se hacen longitudinalmente en relación a la cicatriz varias veces seguidas aumentando progresivamente su intensidad. Estas maniobras se realizarán en seco, y luego se aplicará la crema o la sustancia indicada por el cirujano, sobre la cicatriz.

Durante las dos primeras semanas, después de la ablación de los puntos; no se podrá hacer otra cosa.

SEGUNDO TIEMPO

A partir de la tercera semana, y cuando el cirujano lo autorice, se empezará a despegar el panículo con el fin de evitar adherencias de la cicatriz.

Para ello, realizaremos micromasaje de amasamiento con los tres primeros dedos de la mano (pulgar, índice y corazón).

Se supone que las uñas de la esteticista estarán cortadas al máximo, condición imprescindible para la realización de esta maniobra que se efectúa con la punta de la yema de los dedos.

Con los tres dedos mencionados colocados en forma de trí-pode, se hace un ligero amasamiento del panículo adiposo que rodea a la cicatriz pero sin tocarla.

Estas maniobras serán superficiales al principio pero se irán intensificando poco a poco, con el fin de alcanzar los tejidos más profundos.

A continuación, se podrán realizar aspiraciones con el aparato de ventosas regulado a una intensidad muy débil. Esta aspiración también se realizará alrededor de la cicatriz pero sin tocarla.

Todas estas maniobras, tienen como finalidad estimular la piel que rodea al tejido cicatricial.

Las maniobras siempre se realizan en seco. Se terminará la sesión con la aplicación de la crema que habrá indicado el cirujano.

TERCER TIEMPO

Al cabo de seis semanas después de la intervención, vamos a poder trabajar sobre la cicatriz propiamente dicha

Realizaremos sobre la cicatriz unas maniobras de amasamiento, ligeras, suaves y lentas, de forma circular; progresando paulatinamente a lo largo de todo el trayecto de la cicatriz, con la ayuda de una crema grasa que facilitará la progresión de los dedos.

Se habrá de insistir unos diez minutos sobre cada cicatriz. Las maniobras se harán cada vez más intensas y profun-das. Se alternarán estos amasamientos primero con "pellizcos de Jacquet" superficiales y luego más profundos.

Estas maniobras tienen como finalidad flexibilizar el tejido, de la cicatriz propiamente dicho y normalizar la sensibilidad.

Se podrá también realizar aspiración ligera sobre la cicatriz, desplazando la ventosa por saltos sin hacerla deslizar.

Al final de cada sesión, la cicatriz estará colorada y turgente, perfectamente lista para recibir y absorber las substancias activas destinadas a regenerar el tejido de soporte y que aplicaremos mediante amplios masajes.

Acabamos de describir el tipo de tratamiento de una cicatriz normal.

Habrá que tener en cuenta también la zona en que se encuentra la cicatriz, por ejemplo: en los párpados, al tener muy poco espacio, sólo podremos realizar pequeños movimientos de rotación con uno o dos dedos siguiendo la línea de la cicatriz. En cambio, en el abdomen, podremos realizar "pellizcos de Jacquet" durante varios minutos, además de las maniobras ya descritas.

La adaptación de todas estas maniobras a cada zona dependerá del juicio de la esteticista, teniendo en cuenta que nuestro objetivo es:

- Activar.

- Regenerar el tejido cicatricial.

- Estimular.

- Revitalizar.

- Despegar.

Es interesante poder aplicar la aromaterapia. El Aceite Esen -cial de Bayas de Enebro, tiene un potente poder cicatrizante. El Aceite de Salvia es también antiséptico. Se puede utilizar una gota para realizar el masaje, o bien mezclarla con el agua de una vaporización aromática.

EL MAQUILLAJE DE LAS CICATRICES

Hemos visto que los primeros días la cicatriz está algo colorada y puede presentar un pequeño relieve. Para disimularla, se podrá aplicar un maquillaje cubriente en cuanto el cirujano lo autorice, procurando que el producto sea totalmente anti-alérgico.

Existen unos maquillajes del color exacto de la piel que pueden disimular cantidad de imperfecciones.

En caso de una cicatriz hipertrófica o un queloide, se podrá conseguir una mejora estética aplicando el maquillaje camuflaje. Para ello, existen unos productos indelebles y muy cubrientes, cuyas tonalidades pueden combinarse para con-seguir en cada caso el color idéntico al de la propia piel.

Serán la única solución en el caso de cicatrices que no pueden ser intervenidas ulteriormente.

El Drenaje Linfático

¿QUE ES LA LINFA?

Hemos creído oportuno dedicar un capítulo especial a esta

técnica puesto que es la base principal de los tratamientos post-operatorios de la Cirugía Estética.

De hecho, solamente la técnica del Drenaje Linfático, sería suficiente para realizar un correcto postoperatorio. No obstante, las otras técnicas estéticas propuestas en los capítulos correspondientes a cada tipo de intervención, actuarán de forma muy positiva sobre todos los elementos susceptibles de favorecer una mayor rapidez y un mejor resultado en el postoperatorio.

Se ha dicho del drenaje linfático, que es el masaje del futuro y que acabará sustituyendo todas las otras maniobras de masaje.

Sin ser tan categóricos, pensamos que todas las esteticistas que tienen inquietudes por lograr un mejor progreso en su profesión, deben conocer a fondo esta técnica y dominarla de la manera más perfecta posible, con el fin de convertirse en auténticas colaboradoras, puesto que su ayuda será solicitada por los cirujanos estéticos y plásticos.

Si bien muchos médicos desconocen nuestras técnicas y las actividades propias de nuestra especialidad, todos saben lo que es el drenaje linfático y qué ventajas se pueden conseguir con su aplicación.

No voy a pretender en este capítulo enseñar lo que es el drenaje linfático puesto que se trata de unas maniobras eminentemente prácticas, pero no obstante, dejaremos sentadas algunas generalidades sobre la linfa y la circulación linfática que pueden inducir a aquellas personas que aún no practican el dre-naje linfático, a entender su importancia y a realizar cursillos de formación y aprendizaje.

PROCESO DE FORMACION DE LA LINFA

El proceso de la formación de la linfa, esquemáticamente es el siguiente:

Los capilares sanguíneos dejan filtrar agua que se derrama

en los espacios intersticiales de las células: es el Líquido Intersticial.

Una parte de este líquido desemboca en los conductos linfáticos y recorre el trayecto que acabamos de describir, pero pueden producir trastornos en el proceso de evacuación de la linfa.

Estos trastornos pueden ser de dos tipos: estático o dinámico.

TRASTORNOS ESTÁTICOS

Podemos presenciar un estancamiento de la linfa en una zona determinada del cuerpo o del rostro. Está provocada por perturbaciones susceptibles de producirse en el funcionamiento normal de las distintas presiones, debidas a la corriente sanguínea o a la presencia de proteínas.

TRASTORNOS MECANICOS

La linfa puede estancar también debido a trastornos del mecanismo de su flujo.

Los músculos específicos de los vasos linfáticos, impulsan la linfa, al contraerse de un espacio intervalvular a otro.

No obstante, hay ciertas causas que pueden provocar la llamada Linfoestasis. Una de ellas es posiblemente *la hipotonía* de estos músculos (de los vasos linfáticos); es decir, la insuficiencia de sus contracciones que pueden ocasionar el estancamiento de la linfa.

Otra causa de Linfoestasis, puede ser debida a la *presencia de Varices Linfáticas*, ya que hay dilatación permanente de una o varias porciones de los espacios intervalvulares, y por tanto las válvulas de estos espacios no se cierran normalmente lo que condiciona a una insuficiencia valvular, la misma que provoca un trastorno en el flujo normal; en otras palabras, el-flujo unidireccional se perturba, ocasionando un reflujo de la linfa con el consecuente edema.

La Linfoestasis puede también ser debida a otra insuficiencia: la de los conductos del drenaje.

Como consecuencia de una intervención quirúrgica o de la transformación fibrosa de algunas formaciones patológicas, o de irradiación con rayos X, o bien por razones de tipo congénito; un individuo no posee una red linfática normal. Algunos vasos linfáticos no funcionan

Es fácil comprender que en este caso el líquido intersticial, por falta de una absorción y un drenaje normales por medio de los canales linfáticos, se estancará en los espacios intercelulares de forma excesivamente abundante y entonces se producirá un hinchamiento de los tejidos, es decir un edema.

El edema no es otra cosa, que la infiltración de suero en los diferentes tejidos, pero particularmente en el Tejido Conjuntivo del revestimiento cutáneo o mucoso. A nivel de la piel, el edema se traduce en una hinchazón indolora e incolora, la cual se nota a través de un signo clínico sencillo, solamente hay que hacer una ligera presión con un dedo en la piel, durante unos segundos, luego de lo cual dejará una marca deprimida de la misma, en mayor o menor intensidad dependiendo del grado de edematización.

El edema entonces, es la consecuencia de un desequilibrio entre la filtración y la reabsorción del agua.

Por tanto los vasos sanguíneos, filtran un líquido insuficientemente drenado.

Nociones general sobre las maniobras de Drenaje Linfático

Las maniobras manuales de drenaje linfático tienen como finalidad:

1.° Facilitar la reabsorción, es decir la reintegración de una parte del líquido intersticial, por el sistema venoso y por el sistema linfático.

Estética y Cirugía Estética

2.º Acelerar el caudal y favorecer el tránsito de retorno de este líquido cuando ya ha penetrado en los conductos linfáticos y en las venas. No se puede hablar de Drenaje Linfático sin evocar y nombrar el Dr. Vodder quién ha sido uno de los primeros, sino el primero en estudiar y enseñar ciertas maniobras manuales susceptibles de facilitar el drenaje de la linfa.

Las maniobras de drenaje linfático tienen como finalidad activar la circulación linfática, y favorecer con ello la eliminación de los desechos del metabolismo celular.

La eliminación de estos desechos favorecerá el trofismo tisular y por consiguiente mejorará el aspecto de la piel.

CONSEJOS PRÁCTICOS

Les recordamos primero, aunque les pueda parecer superfluo y pueril, que las manos y las uñas de las esteticistas deben ser enjabonadas y cepilladas cuidadosamente antes de empezar las maniobras. Recordemos también que la superficie cutánea de la cliente tiene que estar desmaquillada perfectamente y limpiada con pulverización.

Se coloca a la paciente en posición sentada con la cabeza apoyada hacia atrás o bien tumbada boca arriba en la postura escogida habitualmente para realizar los tratamientos; es decir, en una posición confortable y favorable a la relajación de toda la musculatura.

Por su parte la esteticista deberá colocarse cómodamente, de tal manera que pueda vigilar constantemente la zona sobre la cual practicará las maniobras de drenaje; entonces sí podrá realizarlas, tanto de frente a su cliente, o ligeramente de lado o bien detrás de ella; pero siempre junto a un espejo.

Los músculos del rostro de la paciente tienen que estar totalmente relajados, por consiguiente evitaremos hablar con ella.

Las maniobras de drenaje se ejecutan en seco, es decir sin producto alguno.

CONTRAINDICACIONES

Una última palabra sobre las contraindicaciones del Drenaje Linfático y sobre las precauciones que debemos tomar.

Estas maniobras de Drenaje Linfático, como todas las otras maniobras manuales, pueden extender la infección; por tanto es muy importante ser prudente, efectuar un adecuado interrogatorio clínico de la paciente, así como la realización de un minucioso examen de la piel.

Si palpamos que los ganglios están inflamados (hinchados) de manera anormal, debemos evidentemente de abstenernos a practicar el drenaje Linfático. Tampoco actuaremos cuando estemos en presencia de un edema importante del rostro, justificable si éste se ha debido por ejemplo a la actuación quirúrgica del médico.

LA HIDROTERAPIA

Incluimos a la hidroterapia dentro del capítulo destinado al Drenaje Linfático, por cuanto está muy indicada en razón de ayudar a mejorar la circulación linfática, sobre todo la denominada ducha "escocesa". Las variaciones de la temperatura del agua (agua caliente y agua fría alternadas con temperaturas moderadas) que modifican el ritmo cardíaco y la temperatura cutánea, influyen favorablemente sobre el caudal y el tránsito de la linfa.

LAS CONTRACCIONES

Las contracciones isométricas forzadas de los músculos del rostro influyen también favorablemente sobre la circulación linfática. Es la razón por la que, en distintos tipos de intervenciones faciales (lifting, blefaroplastia, rinoplastia...) se solicita de la paciente que realice unos movimientos de mímica forzada.

LA PRESOTERAPIA

El drenaje linfático manual puede ser complementado, y en algunos casos sustituidos por la presoterapia. Es un mecanismo que impulsa la circulación de retorno desde los pies hasta la cadera mediante unas botas neumáticas que realizan una compresión modulada y progresiva.

Es un aparato interesante que permite un reposo relativo de la esteticista durante su funcionamiento, lo cual es importante si se han de realizar dos tratamientos distintos en una misma hora.

Lifting

CUIDADOS ESTETICOS PREOPERATORIOS

Es interesante poder hacer un tratamiento intensivo de la piel unos 10 días antes de la intervención con sesiones de días al-ter-nos, a fin de que la piel llegue en las mejores condiciones a manos del cirujano.

La finalidad de nuestros tratamientos consistirá en:

– Rehidratar al máximo con el fin de que la piel esté perfectamente moldeable.

– Flexibilizar.

– Limpiar en profundidad con el fin de que no queden rastros   de grasa ni comedones en superficie.

– Mejorar la tonicidad muscular cutánea y subcutánea.

– Cerrar los poros si estos fueran muy abiertos.

– Aconsejar a la paciente:

– No hacer sesiones de U.V.A, ni exposiciones excesivas al

sol

–No hacer decoloración o tinte de cabellos por lo menos una semana antes de la intervención.

CUIDADOS ESTETICOS POSTOPERATORIOS

Tener en cuenta que la paciente tendrá una sensación de tirantez y una pérdida de sensibilidad en las zonas en que se ha despegado la piel. Habrá que tener mucho cuidado en la manipulación de estas zonas que recuperarán su total normalidad al cabo de dos o tres meses.

Los cuidados practicados por la esteticista pueden empezar a partir del octavo día después de la intervención y se limitarán durante los 15 días siguientes a luchar contra la inflamación, mediante aplicaciones muy suaves de productos antiinflamatorios indicados por el médico sobre las zonas de despegue cutáneo

A partir de las 2 semanas aproximadamente, con sesiones días alternos, se habrán de practicar técnicas que favorecerán la cicatrización, flexibilizarán la piel y lucharán contra el edema.

El más importante de estos cuidados es el drenaje linfático, que se realizará con una gran suavidad a base de bombeos amplios de la cara y el cuello.

Luego se realizará un masaje especial durante 15 minutos con una crema de tratamiento de consistencia grasa.

Se realiza a base de alisamientos que siguen las líneas de tracción del lifting:

Se parte de la comisura labial y se sube hacia la punta de la ceja y el hueco temporal.

Estética y Cirugía Estética

Se sigue un segundo trayecto que parte de debajo del mentón y sube detrás de la oreja hasta las cicatrice.

Se puede utilizar Aceite Esencial de Romero o de Bayas de Enebro, que tienen poderes cicatrizantes y descongestivos.

Se empezarán los cuidados de las cicatrices como hemos descrito en el capítulo especial dedicado a este tema,

A partir de la 4.ª semana después de la intervención y realizando de dos a tres sesiones por semana se efectuarán las siguientes maniobras:

– Pulverización caliente con una gota de Aceite Esencial de Bayas de Enebro, en el agua.

– Drenaje linfático de la cara y el cuello.

– Alisamiento con una crema de tratamiento utilizando el ma-saje descrito anteriormente con el fin de conseguir una elasticidad cutánea.

– Amasamiento y pequeños movimientos neumáticos localizados,

– Alta Frecuencia.

– Vibraciones de mediana intensidad en las zonas que han sido despegadas.

– Movilización activa de los músculos faciales con mímica forzada (sonrisa exagerada, movimiento del maxilar inferior, movimiento circular de los ojos en los dos sentidos, abrir y cerrar fuertemente los párpados, etc.).

– Masaje de la piel del cuero cabelludo a nivel de las sienes, correspondiente a la zona de despegue de la piel.

Al cabo de dos o tres meses, pueden seguir los cuidados habituales observando algunas precauciones.

No realizar exposiciones al sol o a los ultravioletas, hasta pasados dos meses después de la intervención.

Si la paciente debe ir a bañarse en el mar o en piscina, que evite la inmersión de la cabeza durante el primer mes.

Asegurarse que los productos de maquillaje utilizados no le causen alergia.

Cuidados del cabello

Si el Cirujano utiliza técnicas modernas, la paciente deberá lavarse la cabeza cada 4 o 5 días a partir del tercer día después de la intervención.

Para desenredarlo, se utilizará un cepillo, ya que las púas del peine podrían dañar algún punto de sutura..

Para el secado del cabello, debe de usarse un secador de mano y a una temperatura templada.

El peinado del cabello, debe de hacerse con cepillo.

No ir a la peluquería, por lo menos durante un mes después de la intervención.

Blefaroplastia
(Párpados)

CUIDADOS PREOPERATORIOS

Nuestros cuidados preoperatorios se limitarán a un tratamiento de hidratación el día interior a la intervención.

Procuraremos que toda la zona orbicular se beneficie de una larga pulverización aromática que tendrá como efecto limpiar y relajar la piel en esta zona.

También tendremos la precaución de no hacer un tinte de pestañas por lo menos 15 días antes.

CUIDADOS POSTOPERATORIOS

Empezarán diez días después de la intervención, es decir una semana aproximadamente después de que se hayan quitado los puntos.

- Micro-masaje sobre las cicatrices con una crema cicatrizante y anti-edematosa que habrá recomendó el cirujano.

- Drenaje linfático muy suave.

- Aplicación de compresas de manzanilla fría que favorecerán la reducción del edema.

- Maquillaje con un fondo cubriente antialérgico del pequeño hematoma o coloración que aún pueda subsistir.

A PARTIR DE 15 DÍAS A TRES SEMANAS

Realizar una gimnasia activa local durante cinco minutos, aconsejando a la paciente que los realice también en su casa:

- Girar los ojos en todas las direcciones.

- Cierre de los párpados con fuerza, varias veces.

- Drenaje linfático de la cara y del cuello, con el fin de reducir el edema de los párpados.

- Aplicación de alta frecuencia con el electrodo de ozono que es descongestivo.

Para flexibilizar la piel, se realizarán vaporizaciones frías con el Aceite Esencial (eucalipto) preferentemente, y una vibración muy suave.

Las cicatrices se tratarán con micromasaje localizado y vibraciones punteadas.

Los tratamientos estéticos normales podrán reanudarse a partir de los dos meses después de la intervención.

Rinoplastia
(nariz)

CUIDADOS PRE-OPERATORIOS

Los cuidados pre-operatorios relativos a la nariz, consistirán sobre todo en una limpieza en profundidad y una flexibilización de la piel puesto que vamos a estar bastante tiempo sin poder tocar esta nariz.

Para facilitar el trabajo del cirujano, la piel tendrá que estar lo más fina y moldeable posible, y totalmente libre de comedones, puntos negros, barrillos, etc.

Por lo tanto, si la piel es gruesa y grasienta, habrá que realizar un peeling profundo dos o tres veces durante la semana que precede a la intervención.

También se harán vaporizaciones de ozono preferentemente con una esencia aromática emoliente (la salvia).

Se hará un masaje con maniobras de movilización y se aplicará una mascarilla astringente.

CUIDADOS POST-OPERATORIOS

Habrá que evitar la exposición al sol durante un mes.

Si la paciente usa gafas, tendrá que evitar llevarlas de forma continuada los primeros meses.

Es muy importante, recordar nuevamente a la paciente, que hay que tener en cuenta que esta nariz va a modificarse en el tiempo aproximado, de entre seis meses como mínimo hasta más o menos un año; pues si la esteticista insiste al o a la paciente, comunicándole este detalle, seguro que el o ella evitarán la preocupación por la forma de su nariz durante todo ese tiempo, en que la misma llegue a adoptar su estructura definitiva.

A partir del octavo día.

- Se podrán empezar unos cuidados minuciosos y muy ligeros destinados a "dar vida" a la zona afectada.

- Se realizarán unos alisamientos muy suaves, con los dos pulgares de cada lado con movimientos rotativos ascendentes hasta el entrecejo.

- En cuanto la sensibilidad lo permita, se podrán realizar ligeras rotaciones, siempre con las yemas de los dedos pulgares y a cada lado de la nariz.

- Se evitará tocar la parte central del tabique nasal hasta que el cirujano lo permita.

- Se realizará un drenaje linfático de la cara y del cuello para desinflamar la zona afectada y reducir el edema de los párpados que frecuentemente acompaña a este tipo de intervención.

A partir del segundo mes.

Habrá que realizar una gimnasia activa de la nariz; es decir, hay que indicar a la paciente que mueva voluntariamente todos los músculos de la pirámide nasal y de las alas de la nariz. La piel deberá resbalar y moverse perfectamente sobre la nueva estructura ósea.

Esta operación, deberá repetirla tantas veces como se acuerde y pueda, en su casa.

Se evitará cualquier tipo de extracción o aspiración de los comedones en la nariz por lo menos durante seis meses, es decir hasta que no se haya recuperado la sensibilidad normal.

Para ello, se tendrá que solicitar la opinión del cirujano.

Mamaplastia Aumentativa

PREOPERATORIO

Antes de la intervención, el papel de la esteticista consistirá, en informar a la cliente, de todas las precauciones que debe de tomar:

- Evitar la exposición al sol o a los U.V.A. por lo menos siete días antes de la intervención.

- Es preferible aunque no es obligatorio, interrumpir el uso de anovulatorios los dos meses anteriores a la intervención con el fin de evitar el hinchamiento glandular provocado por los estrógenos.

- La semana anterior a la intervención, habrá que hacer un masaje tonificante y una buena nutrición cutánea de toda la zona del pecho.

- Si la paciente tiene vellos en la areola, es aconsejable, que se los corte dos o tres días antes de la intervención, más no debe depilarse en este corto tiempo;

y si lo quiere hacer, deberá de efectuarlo por lo menos entre siete a diez días antes de ser operada, para así evitar cualquier inflamación y/o infección de los folículos pilosos y por ende de la piel contigua y que sería la de sus glándulas mamarias.

–   También se podrán aplicar corrientes excitomotoras y mascarillas tonificantes con el fin de obtener la mayor turgencia de la piel del seno.

POST-OPERATORIO

El cirujano aconsejará a su paciente:

–   Evitar los deportes bruscos durante tres meses.

–   Llevar un sujetador elástico (deportivo) y confortable, que él le aconsejará; por lo menos un mes.

–   Dormir preferentemente boca arriba.

–   Evitar las exposiciones al sol y los rayos U.V.A., durante un mes.

–   Teóricamente podría conducir después del tercer día de la intervención, pero es recomendable que lo haga a partir de los siete días para su mayor seguridad, así como también deberá evitar llevar pesos en los brazos, y siempre actuar en relación con la respuesta de su propio organismo; es decir, si hay alguna molestia de dolor, la paciente deberá de hacer "stop" inmediatamente. Evitar los masajes.

–   Aplicación de alta frecuencia con electrodo violeta (ozono).

–   Corrientes excitomotoras.

–   A partir del tercer mes, se pueden realizar los cuidados habituales.

Mamaplastia Reductiva
y
Mastopexia

CUIDADOS PRE-OPERATORIOS

Aconsejar:

- En caso de hipertrofia mamaria, adelgazar dos o tres kilos antes de la intervención.

- En caso de ptosis, no adelgazar, puesto que el seno quedaría aún más caído y blando.

- Depilar unos días antes la areola si fuera necesario, con pinzas (depilación transitoria) o electro-coagulación (depilación definitiva).

- Maniobras y tratamientos de tonificación.

- Mascarillas astringentes, con el fin de dar la mayor turgencia posible a la piel.

CUIDADOS POST-OPERATORIOS

Las cicatrices serán el mayor problema tanto en la intervención de reducción de mama como en el caso de remodelación, puesto que en ambos casos son iguales. Tienen la forma de una T invertida (al revés).

A partir del momento en que el cirujano lo autorice, se harán sesiones diarias de tratamientos de cicatrices a base de micro-masaje, pellizcos de Jacquet y cremas específicas, como está descrito en el capítulo sobre este tema; insistiendo en el punto de unión de los dos palos de la T. La cicatriz puede evolucionar durante un año.

Hay que tener en cuenta, que el seno no tendrá su forma definitiva hasta pasados algunos meses, por lo que al respecto, habrá que tranquilizar a la paciente.

A partir de seis semanas a un mes (*2 veces por semana*)

–   Seguir con el tratamiento de las cicatrices, informando al cirujano en caso de cualquier anomalía de la cicatrización y sometiéndose a sus directrices.

–   Masaje para flexibilizar y tonificar la piel.

–   Duchas frías.

A partir del 3er. Mes (*1 vez por semana*)

–   Masaje con crema fortalecedora.

–   Vibraciones ligeras.

- Corrientes excito-motoras.

- Duchas frías.

- Mascarillas astringentes.

- Seguir con los tratamientos habituales insistiendo en las cicatrices.

Abdominoplastia

CUIDADOS PRE-OPERATORIOS

En caso de que la persona esté con sobrepeso, habrá que   hacerla adelgazar al máximo, mediante:

– Unos consejos dietéticos.

– Masajes.

– Corrientes excito-motoras.

– Ionización de productos reductores.

– Gimnasia abdominal.

CUIDADOS POST-OPERATORIOS

Consejos:

Dr. Mira y Anne Sorel

- No bañarse en mar o en piscina hasta pasados dos meses.

- Evitar caminar mucho rato seguido o estar de pie.

- Dormir boca arriba con las rodillas ligeramente flexionadas mediante una almohada debajo de los huecos poplíteos.

El problema principal de esta intervención es la cicatrización.

Aunque la cicatriz está en un lugar perfectamente disimulable, no hay que olvidar que es muy larga y situada en una zona delicada sometida a tracciones constantes.

El aspecto de la cicatriz dependerá en gran medida de la rapidez del proceso de cicatrización.

El peligro radica en que los dos bordes de la cicatriz se separen, dejando en medio una zona de estiramiento deformada y totalmente antiestética.

A partir de 15 días después de la intervención (*3 veces por semana*).

- Tratamiento de la cicatriz según la técnica descrita en el capítulo dedicado a este tema.

- Drenaje linfático, desde los pies hasta más arriba de la cintura.

- Alisamiento suave en toda la zona despegada.

- Vibraciones ligeras.

- No hacer amasamientos.

Estética y Cirugía Estética

A partir del 2. ° Mes (*una vez por semana*):

–   Maniobras y técnicas de tonificación.

–   Corrientes excitomotoras.

–   Masaje de circulación alternado con drenaje linfático.

–   Aspiración alrededor de la cicatriz para reducir posibles adherencias.

–   Presoterapia o drenaje linfático.

Infiltraciones Faciales

El día anterior a la 1ª sesión de infiltración:

- Limpieza profunda de la piel.

- "Pellizcos de Jacquet" en el surco de las arrugas que se han de eliminar.

- Aspiración suave con ventosa alargada, del fondo de la arruga.

Después de cada infiltración (y cada día durante 3 días):

- Presiones ascendentes fuertes a lo largo de la arruga con la yema de los pulgares.

- Aplicación de crema o ampolla de placenta

Después de los tres primeros días:

–   Tratamiento antiarrugas dos veces por semana hasta la infiltración siguiente.

Liposucción

y

Contorno Corporal

Hemos dedicado un capítulo más largo al tratamiento de post liposucción por considerarle imprescindible. Todos los cirujanos tienen conciencia de que el resultado definitivo puede depender mucho del post-operatorio.

En efecto, solamente unos cuidados post-operatorios adecuados y perseverantes podrán conseguir una recuperación rápida del volumen intervenido, una "puesta en su sitio" del nuevo modelaje y una piel lisa y turgente.

El tratamiento post-operatorio empezará nada más quitar los vendajes, es decir unos 30 días después de la intervención.

Ciertos inconvenientes con los cuales nos vamos a encontrar son los siguientes:

1) A nivel general un volumen irregular que se va a deshinchar lentamente de forma heterogénea.

Habrá que tranquilizar a la paciente en cada sesión y explicarle que esto es normal y que el resultado no será perfecto hasta al cabo de 4 a 6 meses.

2) Unas equimosis dejadas por la ruptura de capilares durante la intervención.

3) A nivel de la piel, una pigmentación y un relieve en forma de estrías debido a la goma del vendaje compresivo.

Por tanto los tratamientos, tendrán dos finalidades:

a)   Reunificar el volumen general

b)   Recuperar el aspecto cutáneo.

PRIMER TIEMPO

Durante un mes y medio se realizan dos o tres sesiones por semana que se detallarán de la forma siguiente:

-    Durante las 3 primeras sesiones, únicamente masaje de alisamiento o "effleurage" siempre completo; es decir, desde los pies hasta la cintura, sin tener en cuenta las equimosis que desaparecerán solas.

-    A partir de la 4ª. sesión, se aplica localmente el G5 provisto de su accesorio de gomaespuma y se realizará un masaje siempre general con aceite preferentemente a base de elastina.

-    A partir de la 6.ª sesión, se introduce una ionización de yoduro de potasio del 5 al 8% sobre la zona tratada y alternativamente los siguientes tratamientos que detallaremos a continuación:

– Ultrasonidos (fisioterapeutas únicamente), sobre todo en el abdomen y doble barbilla si procede, pero no sobre la zona trocantérea (pantalón de montar).

– Presoterapia a nivel de las piernas, vientre y caderas; en dos tiempos:

    – 1) Vientre y caderas.

    – 2) Piernas.

    – 3) O bien, drenaje linfático:

    – > Siempre masaje con aceite a base de Elastina, para nutrir la piel y mejorar los tejidos castigados.

    – Ionización por encima.

SEGUNDO TIEMPO

Luego, empiezan tratamientos más profundos, una vez por semana durante uno o dos meses, hasta que la piel haya recuperado su elasticidad.

– Masaje con aumento de la presión y presoterapia con mayor potencia.

– Utilización del G5 con accesorio de goma (más duro).

– El masaje siempre entero, algunas veces con Aceite de Elastina para recuperar la elasticidad de la piel y otras veces sin aceite con el fin de movilizar la masa muscular.

–   Corrientes excito-motoras.

–   Drenaje linfático.

CONSEJOS:

–   En cuanto se pueda soportar, usar la manopla de crin después de la ducha y aplicar leche corporal por lo menos una vez al día.

–   No hacer baños hasta pasada una semana después de la ablación del vendaje.

La piel no unificará su aspecto hasta pasado un mes. El volumen se desinflama irregularmente. Habrá que esperar entre uno a dos meses, para que la forma general sea regular.

El tratamiento postoperatorio se acabará con el resultado plenamente satisfactorio.

Despedida

Estamos en el final. Hemos visto paso a paso y con claridad cada una de las intervenciones de la cirugía estética de hoy. Puede quedar alguna peculiaridad por citar, pero aquí hemos comentado lo más habitual en nuestra especialidad.

La madurez de una persona, unida a su serenidad y buena información; hace que la elección de un tratamiento sea un éxito.

Lo primero será acudir a la consulta de un cirujano plástico. Y con mucha experiencia. Desgraciadamente esta actividad quirúrgica parece muy fácil en los libros y por tanto puede haber quien al intentarlo, decida aplicar nuestras técnicas; pero con resultados imprevisibles.

La elección del cirujano debe hacerse con serenidad. Hay que ir a consultar a aquel que inspira confianza, porque la medicina es una relación humana. Hay que elegir al profesional experimentado, porque su experiencia le permitirá evitar muchos escollos.

Si se tiene la oportunidad de conocer a alguna de sus pacientes, es interesante aprovechar para preguntarle lo que piensa de su médico y de su intervención.

El cirujano plástico estético, sabe lo que cuesta a las pacientes tomar la decisión de llegar hasta su consulta y no debe sorprender ver cómo él entiende sus problemas, por complejos que parezcan. Esto es por que antes que cirujano, es un médico pero más aún un ser humano. Simplemente. Con una preparación psicológica propia de su formación y de los años escuchando pacientes. Un aprendizaje que le hará para saber abordar mejor los problemas, tanto físicos como psicológicos.

En una visita médica hay muchas preguntas que hacer, mucho que observar. Es necesario realizar fotos, pues para nosotros, la fotografía es como la radiografía para el internista: nos permite seguir trabajando cuando no tenemos delante al paciente.

Previo a toda intervención, se han de realizar unos exámenes clínicos completos: analítica (exámenes de sangre), electrocardiograma, si es necesario una radiografía del tórax o mamografía. Hay que hacer una minuciosa historia clínica del o la paciente, porque las pruebas que se necesitan varían con cada tipo de operación. Es muy importante también informar adecuadamente sobre todos los pormenores de la intervención como por ejemplo los cuidados pre-operatorios, medicamentos que tiene que tomar, cosas que no debe de realizar antes de la operación, detalles tanto de la intervención como de la anestesia, etc. Nosotros actualmente entregamos un librito con los detalles, así como un DVD muy completo (para quienes no gustan de leer...)

Para que una intervención tenga éxito, se deben seguir escrupulosamente ciertas instrucciones sobre dieta, higiene, etc.

Una vez llegado el día de la intervención, la paciente ingresará en la clínica puntualmente a la hora indicada. El cirujano vendrá a saludarla y tranquilizarla antes de que sea trasladada al quirófano.

Para determinadas operaciones, es necesario hacer un

Estética y Cirugía Estética

dibujo sobre la piel antes de la intervención. Somos más médicos que artistas y por ello, no confiamos que en el quirófano resida la "Musa de la Inspiración", por ello nos gusta llevarlo todo bien planificado, puesto que se trata de lo más importante: un ser humano.

Una vez que la paciente es trasladada hasta quirófano, será el médico anestesista quién sedará a la paciente, y estará pendiente durante todo el tiempo que dure la intervención, de controlar los signos vitales, tensión arterial, oxígeno, pulso, trazado cardiaco, etc.

A propósito de los Anestesiólogos: son los grandes profesionales, que velan "mientras el paciente duerme" y por tanto confiamos plenamente en su responsabilidad y experiencia. Hoy no es como antes, ya que la tecnología actual ha cambiado mucho; y en nuestro país, tenemos profesionales muy competentes.

Por otra parte y por muchos motivos, el día de la intervención es fundamental que la paciente vaya a la clínica acompañada por alguien de su confianza; pues así no se sentirá sola después de la intervención. Independientemente del personal de enfermería que estarán para cuidarla, el calor humano de alguien conocido es algo insustituible.

La recuperación en esta especialidad suele ser rápida, una vez dada de alta en el hospital. Pero pese a la mejoría, la (el) paciente no debe olvidar que ha sido intervenido quirúrgicamente. Por eso no hay que cometer imprudencias y se deben seguir escrupulosamente todas las instrucciones dadas por el cirujano. Si hubiera alguna duda, hay que consultarle siempre directamente a él, a alguno de sus colaboradores o al médico de familia antes de realizar ninguna variación.

Debe de tener siempre presente, que durante el período post-operatorio continua el tratamiento: como son las curas, retirada de puntos, revisiones, visitas clínicas, etc. En cuanto a nuestra especialidad, todo este proceso post-operatorio, es benigno.

Llegado el momento, se da el alta definitiva. Aunque aún no se hayan conseguido al cien por cien el resultado finale, no hay que preocuparse excesivamente ya que todas las intervenciones requieren normalmente de un tiempo largo para su completa evolución. Y variable según las características de la piel, genética del paciente, cuidados personales que lleve, etc.

En cirugía estética aprendemos pronto que el el "Segundo Mejor Cirujano Plástico Estético", después del propio, es el *tiempo*. Por eso aquí si que hay que tener en mente el aforismos tradicionales como "hay que darle tiempo al tiempo" o que "el tiempo pone todo en su sitio": para apreciar el resultado final, hay que saber esperar varios meses e incluso un año o más en algunos casos.

Cuando le damos el alta hacemos un informe completo y detallado, que incluye una copia para el Médico de Cabecera de cada paciente y otra para uso personal. Este último, debe conservarse para presentarlo en cualquier consulta médica futura en la que pueda ser de

Cuando el cirujano lo autorice, las esteticistas preparadas para tal efecto, iniciarán los cuidados post-operatorios; con el fin de acelerar y mejorar el resultado definitivo.

Y ya con la humildad del paso de los años me dirijo a ti, médico, cirujano, psicólogo, esteticista, estilista, cuidadora, voluntario... Tu que trabajas cada día para procurar la felicidad de un ser humano a través de su imagen. Siente el orgullo de tu clase. Entrégate a tu oficio. Para mejor entregarte a ellos.

Y también me dirijo a ti, que fuiste, eres o serás paciente. Déjate querer.

Hasta siempre

Dr. Juan Antonio MIRA
www.doctormira.com

Estética y Cirugía Estética

Biografía del Autor

El Dr. Juan Antonio MIRA, nació en Valencia (España).

Desde niño vive al ambiente del arte en su hogar familiar: su madre es Ceramista, su hermano es pintor y expone en París, el estudia música.

A los 17 años marcha a Estados Unidos con una beca. Allí estudiará y se graduará como Senior en Cathedral High School de Minnesota.

Estudia Medicina e inicia su formación de postgraduado. Se diploma como Tropicalista y marcha a Africa, donde pasa cerca de un año con los nómadas en el desierto.

Se traslada a Canarias donde hace Medicina Rural y Medicina de Urgencia en el Hospital Insular de Las Palmas.

Obtiene una nueva beca para el Hospital General de Asturias. Allí desarrolla su formación como Médico Residente en Cirugía Plástica. Termina con 1500 intervenciones realizadas dentro de las materias de Cirugía Plástica Traumatológica, Cirugía de Malformaciones Congénitas, Cirugía de la Mano, Cirugía Maxilo-facial, Ciru-gía Plástica Oncológica, Quemados y Cirugía Estética. A lo largo de esos años participa en múltiples cursos y congresos de la Especialidad.

En 1973 obtiene el título de Médico Especialista y marcha a Valencia a ocupar el puesto de Médico Adjunto en el Departamen-to de Cirugía Plástica. En 1975 funda en Valencia el primer Centro

*Médico Estético de España. En él se integran además un Dermató-
logo, un Ginecólogo y un Patólogo Mamario. En 1979 abandona
voluntariamente el puesto oficial de la Seguridad Social para dedi-
carse totalmente a la Cirugía Estética.*

*En 1982 el Centro Médico Estético se transforma en la prime-
ra Medical Office de nuestro país, contando además con Medicina
General, Laboratorio de Análisis, Endocrinología, Cardiología,
Urología, Psiquiatría, Homeopatía y Medicina Natural.*

*Por último, a finales de 1984 se hace cargo de la dirección qui-
rúrgica del Centro Médico Eidos de Barcelona, donde inicia sus
operaciones en la Clínica del Pilar de la Ciudad Condal.*

*Continúa participando en congresos, viaja frecuentemente, fun-
damentalmente a Estados Unidos, donde participa en las actividades de la Universidad de Nueva York, con un clásico de la Cirugía
Plástica, el Profesor Converse, y con otro eminente Cirujano Estético, el Dr. Thomas Rees, en uno de los primeros hospitales americanos dedicados a la Cirugía Estética: el Manhattan Eye, Ear and
Throat Hospital.*

*Ha publicado interesantes trabajos sobre el trasplante de ca-
bello, el aumento mamario y la utilización de las láminas sintéticas
semipermeables en Cirugía Estética, trabajo éste que fue llevado a
Inglaterra para el perfeccionamiento de nuevos apósitos plásticos.*

*Cree profundamente en el Equipo. Sus colaboradores son todos
profesionales de un alto nivel humano y profesional. Desde 1982
colabora con él el Dr. Antonio Monclús, también Cirujano Plástico quien es el autor de las láminas que se incluyen en esta obra.*

*Desde siempre ha dado a conocer en todos los medios de comu-
nicación, su gran vocación, la Cirugía Estética.*

*Es uno de los pocos médicos de Europa dedicado en exclusiva a
la Cirugía Estética.*

Nota de la redacción:
Biografía actualizada del Dr. Mira en www.doctormira.com

Dr. Juan A. Mira
Cirujano Plástico Estético
c/ Jorge Juan 8
46004 Valencia
España

Tel: (34) 96 320 50 10